ホワイト部活動のすすめ

部活動改革で学校を変える

JN133159

佐藤　博志（筑波大学准教授）
朝倉　雅史（早稲田大学講師）
内山絵美子（小田原短期大学講師）
阿部　雅子（横浜市立馬場小学校長）［共著］

教育開発研究所

■ はじめに

(1) 部活動改革はなぜ必要か―教師の働き方改革との関連―

今日、部活動の改革が提唱されている。その大きなきっかけは、学校における働き方改革である。日本の教師が多忙であることは、ＯＥＣＤの「国際教員指導環境調査」（TALIS2013）によって明らかにされた。教師の勤務時間は、ＯＥＣＤの調査参加国平均が1週間あたり、平均38・3時間であるのに対して、日本では53・9時間である（国立教育政策研究所 2014：22-23）。教師が多忙である要因は様々である。教育上の諸問題や子どもの発達をめぐる諸課題や環境が複雑化し、保護者の価値観も多様化する中で、個々の問題の解決に時間がかかるようになったことがその要因である。この他の要因として、日本の学校が、学習指導のみならず、生徒指導、部活動も含めて、総合的、包括的に教育を担ってきたことである。これは、学習指導に焦点化した欧米の学校とは対照的である。さらに、日本の生徒指導には、生徒を安易に見捨てない方針であることも要因の一つであろう。日本の生徒指導には良さはあるが、校外や夜間の指導など、時間がエンドレスになる場合もある。

２０１９（平成31）年1月に中央教育審議会が「新しい時代の教育に向けた持続可能な学校指導・運営体制の構築のための学校における働き方改革に関する総合的な方策について」（答申）をまとめた。時間外勤務を月45時間、年３６０時間に上限を規制することが提案された。一方で、公立学校教職員の給与等に関する特別措置法は維持される見込みである。この法律では、教師に残業代は支払われない。残業代の代わりに、給料月額の４％（残業月8時間分）が教職調整額として支払われることになっている。残業代を支払うと1年間で９０００億円以上の経費が必要となる（文部科学省の試算）ため、現在の制度が維持されたわけである。だが、ここで疑問が残る。時間外勤務は月45時間以内に本当に収まるのか。ガイドラインは法的拘束力がないため、有名無実化してしまうのではないか。

時間外勤務を月45時間とするガイドラインが策定されても、それが守られる保障はどこにもない。したがって、労働時間の超過を誘発している活動を改革する必要がある。それは何か。部活動である。たしかに、勤務時間の観点からは、学校の会議の在り方、行事の在り方、文書業務など、様々な論点があるが、学校内の工夫で合意し縮減できる部分が多い。これに対して、部活動は、様々な考え方が教師や保護者の間にあるため、校内での合意形成が難しく、工夫も容易ではない。教師の働き方改革の本丸は部活動改革なのである。

(2) 部活動改革はどのように進めればよいのか

中学校・高等学校を考えた時、部活動は時間的に大きなウエイトを占めている。問われていることは、主に、部活動指導の時間の長短と誰が指導するのかという問題である。いずれも教師の職務負担に関わっている。だが、単純に「部活動を廃止せよ」という論はあまり見られない。それは、部活動の教育的効果を皆が認めているからである。勉強が苦手な生徒であっても、部活動で成長し、学校における居場所を得ることができる。その経験が自信となって、勉強のやる気を出す場合もある。教師の側から見ても、授業

■はじめに

以外の場面である部活動で生徒の様子を把握し、多面的な生徒理解が可能になる。したがって、求められていることは、「適切な部活動の在り方」であろう。では、今後、自治体や学校で、部活動の改革をどのように進めればよいのだろうか。

部活動の問題は複雑であるため、簡単には答えが出ない。というのも、部活動は複数の論点が関係しているからである。まず、前述の通り、部活動指導の時間の在り方と誰が指導するかが問われる。次に、部活動の安全確保が重要である。そもそも教育活動はリスクを伴うが、特に運動系部活動のリスク縮減が求められる。一方、演劇部や吹奏楽部などの文化系部活動においても、先輩後輩の過剰な上下関係や厳しすぎる練習による抑圧といった「リスク」が存在している。当然、指導者による体罰は許されない。だが、残念なことに、時折、指導者の体罰が報道されている。

部活動が忙し過ぎると、部活動だけに生徒の経験が限定されて、視野が狭くなることが懸念される。一方、教師も同様で、部活動だけに熱心になって、肝心の授業準備が疎かになる場合もある。その逆もあり、授業に創意工夫したいのに、部活動が邪魔をしていると考える教師もいるだろう。部活動に対する教師のスタンスも、部活動熱心派、時間縮小派、様子見（沈黙）派、顧問拒否派に分かれている。

部活動は教育課程の外に位置する課外活動であるため、責任の所在が曖昧である。だが、部活動を教育課程に組み込めばよいとは言えない。国際バカロレアＤＰ（ディプロマ・プログラム、高校レベル）のコア科目の一つである「創造性・活動・奉仕」（Creativity, Activity, Service（CAS））は部活動に類似しているが、教育課程に組み込まれている。そのため、成績評価の対象となり、生徒は活動記録の作成などが必要である。もし、日本で部活動を教育課程の中に入れれば、成績評価の問題が生じるため生徒や教師の負担が増える。これは決して望ましくない。

歴史的にふりかえれば、運動系部活動は、イギリスのクラブを源流としている（阿部 2009：31-35）。19世紀、イギリスのパブリックスクールではスポーツと人格形成が結びつけられた（中澤 2014：32-33）。もっとも、パブリックスクールでも体罰やしごきはあったが、倫理的な意味でのスポーツマンシップ概念が形成されたのである（阿部 2009：47）。部活動は、明治期に東京帝大、東京高等師範を先陣に、「精神と身体の近代化」の手段として日本の教育界に導入された。今日なお、一部の部活動で、過剰な鍛錬、威圧的な上下関係、非合理的な命令が見られる。これらは、いわば近代化の残滓であり、個人のニーズと価値観の多様化及び能力観の変容を基調とする現代社会に相容れない。イギリスでは個人主義的紳士教育の一環であったクラブが、日本では文化的相違があるため、集団的、準義務的、競争主義的な部活動に変質した。つまり、部活動は、ヨーロッパ産業革命期に自由を得た人々が絆をつくったクラブを源流としながらも、戦前の急速な近代化と戦後の高度経済成長と競争主義の中で、日本独自の「ガラパゴス」的展開を遂げたものと言える。

２０１８（平成30）年には、スポーツ庁「運動部活動の在り方に関する総合的なガイドライン」、文化庁「文化部活動の在り方に関する総合的なガイドライン」が出された。これらのガイドラインを実現するためには、教育行政機関職員、学校管理職、教師、保護者、地域住民の一人ひとりが、部活動改革をどのように進めるかについて、学校現場で建設的な議論を行い、創意工夫を行う必要がある。そのためには、部活動をめぐる諸問題や議論を一挙に理解できるような図書が必要であろう。そこで、本書では、部活動の特徴を総論的に示し、次に、部活動の基本的な制度や問題点、近年の政策動向や議論及び実証的なデータを分かりやすく整理し、学校経営の実践例も検討した上で、今後の在り方を考えることを試みる。

(3) ホワイト部活動のすすめ

今日、部活動改革をめぐる議論が様々なところで熱心に行われている。ただし、規範的な議論だけでは、教育界はかえって分断され、総論賛成、各論反対の結末になることが危惧される。部活動とは何かをふまえ、今日の社会情勢、制度、データにもとづいて、部活動の適切な在り方を建設的に示すことが望ましい。以上の問題意識から、本書は、『ホワイト部活動のすすめ―部活動改革で学校を変える―』と題して次の点を論究する。

○部活動とは何か（第1章）
○部活動の制度はどうなっているのか（第2章）
○部活動をめぐる議論と実態はどうなっているのか（第3章）
○部活動改革はどのように構想できるのか―学校の事例（第4章）
○部活動改革は学校でどのように進めればよいのか―校長の実践方法（第5章）

本書は、「部活動の思い出」を持つ大人たち、「部活動があったから学校に通えた」「部活で大きく成長した」という生徒の思い、「部活動の教育的意義は認めるが、現状のままでは教師は酷使され過ぎている」という教師の思いを、「ホワイト部活動」という理念で結び付ける。

今日求められている部活動は、勝利至上主義ではなく、管理主義でもない。時間を適切に設定し、生徒の自治やニーズの多様性を尊重した部活動である。言い換えれば、生徒はもちろん顧問も参加しやすい部活動である。このような部活動を「ホワイト部活動」と呼ぶ。本書『ホワイト部活動のすすめ―部活動改革で学校を変える―』は、学校における近代的人間関係（教師と生徒の上下関係）や封建性（総量主義、競争主義、高度化主義）を払拭し、21世紀にふさわしい学校を実現するための扉を開くものである。

【文献】

阿部生雄『近代スポーツマンシップの誕生と成長』筑波大学出版会、２００９年

国立教育政策研究所編『教育環境の国際比較―ＯＥＣＤ国際教育指導環境調査（ＴＡＬＩＳ）２０１３年調査結果報告書』明石書店、２０１４年

中澤篤史『運動部活動の戦後と現在―なぜスポーツは学校教育に結び付けられるのか』青弓社、２０１４年

目次

4章 部活動改革を構想する—実践事例

1章

部活動とは何か——その特徴と論点

1 部活の思い出―日本人の原風景

8月中旬、午前9時半、部活動の実態を知るために、ある中学校のグラウンドに行った。お盆休み明けの日曜だというのに、野球部の練習試合が行われている。天気は晴、すでに気温30度。試合は淡々と進む。筆者以外に見ている人は2名いた。一人はおそらく地域の人、もう一人はある選手を録画しているから保護者だろうか。暑い。あまりに暑いので、そっと、電柱でできた細い日陰に入った。選手は暑くないのだろうか。不意に「椅子に座りませんか?」という声が聞こえてきた。驚いて声の方向を向くと、折りたたみ椅子をわざわざ持ってきている。選手の母親だろう。日除けに大きな白い帽子を被っている。椅子を丁寧にことわると、「よかったらどうぞ」と笑顔で促された。このような献身的な保護者によって、部活動は支えられている。保護者のサポートなしには部活動は成り立たない。

試合を見ていると面白いことに気がついた。一塁側のチームの監督(つまり顧問の先生)は、「○○、走れ」「△△、前へ出ろ」「それでいい」と指示が短く分かりやすい。それに肯定的な発言しかしない。一方、三塁側のチームの監督は、「だめだ」「そうじゃないだろう」「前、言っただろう」と否定的な言葉ばかりだ。聞いていると、こちらまでやる気がなくなってくる。選手たちは案の定うなだれている。あの顧問の先生は、否定的なことを言われ続ける選手の気持ちを考えないのだろうか。授業中だって否定的なことを言ったら逆効果だろう。もしかして、あの先生は、授業でも同じような発言をしているのだろうか。

試合は、やはり、と言うか、一塁側のチームが勝った。選手の力の違いもあるだろうが、監督（顧問）にも力の違いがある。これは、部活の一風景だ。野球と言えば、華やかな高校野球を思い出すが、日常の練習や練習試合は地道である。

部活動は、日本の社会に広く根付いている。この地道な部活動を経験した人は多い。初対面の人に「高校の時、部活何やっていましたか」と聞くことがある人も多いだろう。これは、部活動が日本の文化として定着していることの現れである。部活動は、運動系だけではない。軽音楽部、演劇部、ブラスバンド部、合唱部、吹奏楽部、パソコン部、文芸部、英語部など、様々に存在する。部活動を題材にした小説もある。高橋三千綱『九月の空』（角川書店）、朝井リョウ『桐島、部活やめるってよ』（集英社）はその代表的なものである。体育会卒業生を積極的に採用する企業の存在も大きい。部活で得た慣習が、長時間労働への忍耐力を育成するとともに、先輩後輩を重視する人間関係に影響しているという指摘もある。部活は日本社会の中に入り込んでいる。

もう一つ気になっていることがある。教師になった卒業生と話をすると、「演劇部の顧問がつらいです」「卓球部の顧問をしていますが、全国大会に出場したため、休みがありません」といった声を聴くようになった。最近は、部活動勤務のハードさが、新聞報道等で広く伝わっているため、学生からも「教師になった時の部活動の顧問が心配です」との声が寄せられるようになった。時代の変化に伴い、学校現場のみならず、大学生の意識も変化している。これでは、教職から企業や公務員に進路を変える者が出てくるのではないか。教師の働き方改革の鍵は部活動である。「総論賛成各論反対」を越えて、部活動改革はすぐに必要である。

2 部活動はどこからきたのか

部活動がどこからきたのかを辿るためには、イギリスにおける近代スポーツの発生まで遡る必要がある（坂上ほか 2018）。サッカー、ラグビー、クリケット、ゴルフ、競馬、卓球、カーリングなど、近代スポーツの多くはイギリスで形成された。近代スポーツとは、一定の合理的なルールを定め、スポーツマンシップという倫理性を伴う競技である。もともと、イギリス以外の国で行われていたものもあろうが、イギリスでルール化され、19世紀当時の大英帝国の植民地を経由して、世界中に広まったのである。実際、イギリスの植民地であったオーストラリアでは、イギリス発祥のクリケットが盛んである一方で、野球は行われていない。

イギリスには、パブリック・スクールという学校がある。イートン、ラグビー、ハロウといった学校で、14世紀からの歴史を持ち、富裕な家庭の子弟が通う寄宿制の独立学校（私立学校）である（古阪 2015：115-116）。パブリック・スクールや大学でスポーツが課外活動として組織化された。「学校間での対抗試合の興隆は、ルールの統一化と統括団体の結成を導いた。（中略）競技は賭けや賞金のためのものから、純粋にスポーツそのものの愛好から優勝杯や盾やメダル等を目指す名誉志向の競技形態に推移した。ここに近代スポーツの特色であるジェントルマン・アマチュア主導のスポーツ体制が形成された。」（阿部 2009：41）

このようなイギリス発祥のスポーツは、近代化を成し遂げるために、日本に輸入された。部活動はまず日本の帝国大学に輸入された。そして、私立大学、旧制高校、旧制中学にも広まり、「大正・昭和初期までに全国の中等教育機関に普及していった」（中澤 2011：34）のである。

日本の近代化は、産業革命と共に、教育制度の整備によって開始されている。日本では、１８６８（明治元）年の明治維新の後、学校制度は、１８７２（明治５）年の学制発布、１８８６（明治19）年の学校令（帝国大学令、師範学校令、小学校令、中学校令）によって、整備されていった。小学校令は道徳教育及び国民教育を小学校の目的と定めた（第１条）（谷 2001：12）。１８８９（明治22）年、大日本帝国憲法が公布され、天皇が国家統治権（第１条、第４条）と陸海軍の統帥権（第11条）を持つことになった。そして、１８９０（明治23）年には「教育ニ関スル勅語」が発布された。「教育勅語」では、「授けるべき徳目として、孝悌《てい》、友愛、仁慈、信実、礼敬、義勇、恭倹等をあげ、特に「尊王愛国ノ志気」の涵《かん》養を求めている。」（文部科学省）

部活動が、他の教育活動と同様に、近代化、帝国憲法、学校令、教育勅語理念の影響のもとで実施されたことを看過してはならない。戦前の教育の徳目主義からもわかるように、部活動の精神主義の源流がそこにあるからである。各大学では、運動系の課外活動として部活動が始まり、学生スポーツ団体が組織化された。中澤によると、東京帝国大学において学生スポーツ団体である運動会が拡充した背景として、学生の病気の予防・抑制、及び左翼思想への対置という側面があった（中澤 2008：326）。そして、「大学当局がスポーツを別の目的の手段として利用しうる社会的文脈があり、そうした社会的文脈が運動部員と大学当局の間に共犯関係を結んでいた。」（326）と指摘されている。

社会的文脈、つまり、政策、制度、国民の意識、文化が部活動の実態や変遷と関係しているとの中澤の指摘は重要である。部活動問題を解決するためには、部活動それ自体だけでなく、他の様々な事象との連関での問い直しが必要なことを示唆しているからである。根源的に言えば、部活動は、近代化の手段であったことが重要である。明治維新以降、そして戦後の高度経済成長期には再び、精神主義と競争主義の論理が社会を貫いたが、部活動はその一つの現象であったと言える。ポストモダンと呼ばれる現代社会において、部活動の在り方が問い直されていることは必然的であると言えよう。

3 部活動の戦後の変遷—なぜ活発になったのか

(1) 戦前の暗闇と戦後教育改革—部活動を論じる前提

戦前の部活動は限定的であった。そもそも、戦前の中等教育機関への進学率は、旧制中学校、高等女学校、実業学校を合わせて、1936(昭和11)年度で男子19・5%、女子22・5%であった(菊池1997:3)。1938(昭和13)年には、日中戦争の拡大に伴い、国家総動員法が制定され、戦時統制が実施された。学校でも軍事教練が中心となり、「ほとんどの学校で部活動(当時一般的総称の校友会)は学校報国団に改組された。特に運動部の多くは大会の中止などもあり、競技的要素は薄められ鍛錬部と変化し、武道・戦闘能力の増加に役に立つような国防的競技に重点が置かれることとなった」(永谷2017:12)。これは、戦前の学校教育が国家主義的な枠組みの下で行われ、1932(昭和7)年5・15事件、

1933年国際連盟脱退、1936（昭和11）年2・26事件、1937年日中戦争といった時局の中で、教育も軍国主義の影響を受けて行った。

1945（昭和20）年8月にポツダム宣言を受諾し、戦争が終結した。1952年のサンフランシスコ講和条約締結まで、日本はGHQの占領下におかれた。1946（昭和21）年に日本国憲法が公布され、象徴天皇制と国民主権（第1条）、平和主義と戦争の放棄（第9条）が定められ、基本的人権が保障された（第11条）。1947（昭和22）年には教育基本法、学校教育法が定められた。戦前の反省の上に立ち、戦後の学校教育は新しい制度に基づいてスタートした。

教育基本法は、第1次安倍内閣の時代の2006（平成18）年に改正されている。教育基本法の第1条は教育の目的を「教育は、人格の完成を目指し、平和で民主的な国家及び社会の形成者として必要な資質を備えた心身ともに健康な国民の育成を期して行われなければならない。」と定めている。ここで、教育基本法を引用した理由は、部活動が教育課程外の活動であっても、法治国家である日本の学校において行われている以上、教育基本法に則る必要があることを喚起するためである。現在の部活動が、人格の完成、平和で民主的な国家及び社会の形成者として必要な資質の育成、心身ともに健康な国民の育成に貢献しているかが問われるのである。例えば、練習のやり過ぎと拘束時間の長さ、部活動の引率による授業準備を阻害されるほどの教師の多忙さ、延々と続く大会と勝利主義など、人格、平和、民主、健康といった理念と合致するのか疑問が残る。今日、各方面から提起されている部活動への疑問も、広くは、教育基本法を見据えて論じられるべきところである。また、歴史的に振り返れば、戦前の国家主義、軍国主義教育は繰り返してはならない。この点は、部活動について考える際も、常に意識する必要がある。

部活動の戦後の展開を見ていくと、様々な施策、制度、社会意識の再生産（循環）が相まって、いわば拡大の一途をたどってきたことが分かる。

はっきりさせておかねばならないことは、現在の部活動の状況は、過去は違っていた点である。よく「部活動が無いと忍耐力が身につかない」と言う人がいるが、それは、過去と現在を比較しない人の認識である。現在だけ見たとしても、外国と比較すれば、この論法がいかに思い込みによるものかが分かる。外国には、日本のような部活動は存在しないのである。

(2) 部活動の現状とこれまでの推移

２０１７（平成29）年のスポーツ庁の委託事業調査によると、中学校では、運動部の参加率は70・6％、文化部の参加率が19・０％である。部活動に所属していない中学生は８・１％である。高校では、運動部52・7％、文化部24・6％の参加率である。所属していない高校生は19・０％である（スポーツ庁2018：94）。

２０１７（平成29）年度の文部科学省「運動部活動等に関する実態調査」は、対象校８４５校（校長８１６人、教員２６８５６人、生徒７９７０７人、保護者７３５２０人）（回収率97・5％）であり、各都道府県無作為抽出調査を行ったものである。このデータでは、30・4％の公立中学校で部活動が原則参加になっていることが示された（文部科学省2017：3）。

部活動顧問について、全教員が顧問になる公立中学校が93・8％。公立高校は98・2％になっている。つまり、公立中学校、高校では少なくとも90％以上、ほぼ全教員が部活動の顧問を担当している（文部科

中学校・高等学校の運動部活動加入率の推移 (%)

	1955（昭和30）年	1964（昭和39）年	1977（昭和52）年	1987（昭和62）年	1996（平成8）年	2001（平成13）年
中学校	46.0	45.1	60.9	66.8	73.9	73.0
高等学校	33.8	31.3	38.8	40.8	49.9	52.1

（中澤 2014：96 をもとに作成）

学省 2017：5）。

対外試合（公式戦を除く）の実施日数について、決まりが無い公立中学校は95・0％、公立高校は91・6％である。ほとんどの学校が、試合の上限が無い（文部科学省 2017：7）。平日の運動部活動の一日あたりの活動時間は、公立中学校で、2〜3時間程度が46・3％であり、3〜4時間程度が21・6％である。合計で、67・9％である。公立高校では、2〜3時間程度が47・0％であるが、3〜4時間程度が21・1％である。合計で、68・1％である。

このように、部活動は、教師、生徒に大きな影響を与えている。特に、約30％の中学校で部活動が事実上義務化されている点は注目される。部活動が自主的、自発的な参加によるものであることを考えると、大変驚くべきことである。運動部活動にデータが限定されているが、文化系部活動にも、吹奏楽部や演劇部など、練習や大会日程がハードなものもある。そのことを考慮に入れると、日本の部活動は過剰であると言えよう。

このような部活動の興隆は、戦後すぐから続いてきたわけではない。中学校、高等学校の運動部活動加入率は上の表のとおりである（中澤 2014：96）。ここから、中学校の加入率は1955年、1964年は50％以下であり、1977年に中学校で60・9％に増加したことが分かる。活動日数については、1955（昭和30）年には「中学校の場合、男子が3・8日、女子が3・7日であり、高校の場合、男子が4・8

日、女子が４・２日だった」(98)。２００１（平成13）年は「男女合わせた平均日数が、中学校で５・５日、高校で５・６日と報告されている」(99)。教師については「終戦直後から１９５０年代までの教師のかかわりは、一部の教師による部分的なもの」(100)であったが、１９７０年代以降、教師の関与は増大した(100)。２００６（平成18）年調査では全教師のうち「中学で58・５％（教諭に限れば70・９％）、高校で58・３％（教諭に限れば62・９％）」(101)の割合の教師が運動部活動顧問になっている。こうしたデータから分かることは、現在の部活動の実態が、過去は必ずしも同じではなかった点である。部活動は「現状が当たり前」と思いがちになるが、そうではないことに留意すべきであろう。

(3) 部活動拡大の要因と背景

このように部活動が拡大していった背景として、国の政策や制度、そして教師や国民の意識があげられる。

第一に、オリンピック誘致運動と各種競技団体の要請を背景として、１９５４（昭和29）年の文部省通達によって、校内大会に限定されていた中学の対外試合を、都道府県大会まで認めるようになった（中澤2014：115)。その後、１９６４（昭和39）年の東京オリンピック開催に向けて、大会の規制は次々に緩和されていった(116)。この社会的背景として、当時の高度経済成長によってスポーツや習い事を行わせる余裕が家庭に生じたことも指摘できる。

第二に、１９６８（昭和43）年改訂学習指導要領によって、教育課程内に必修のクラブ活動（週１回）が制度化された。クラブ活動は教育課程内のため、教育課程外の部活動とは異なる。このクラブ活動の制度化によって、部活動を地域の社会教育に移行しようとした（神谷2015：59）。その理由は、部活動指導に関する超過勤務手当の財源が確保できなかったからである（59）。そして、社会教育への移行を見通して、1969（昭和44）年に、中学校の隣接都道府県の大会の開催や優れた競技力を持つ児童生徒の全国大会への参加が認められるなど、大会の規制が緩和された（64）。ところが、クラブ活動と部活動を一体的にする学校が現れ、「必修クラブが部活動に代わる教育活動にはなり得ず、部活動を地域に移行することをもできなかった」（69）のである。1968（昭和43）年改訂学習指導要領は、教科学習、教育内容の高度化を意図していた。人口の増加、高校、大学の進学率の向上に伴い、教育課程、部活動の両面で、学校教育は競争主義的な様相を帯びていった。

第三に、1971（昭和46）年に国立及び公立の義務教育諸学校の教育職員の給与等に関する特別措置法（以下、給特法と略）が制定されたことである。本来、教師にも、労働基準法に基づいて給与に加えて時間外勤務手当を支給されるべきである。しかし、1949（昭和24）年制定の教育公務員特例法で時間外勤務手当を支給しないこととなった。これに対して、時間外勤務手当の支給を求める訴訟が多く起こり、教師側の勝訴が続いた（北神2018：3）。この混乱を収拾するために、文部省は1966（昭和41）年に全国的な教員勤務状況調査を行い、月平均約8時間の時間外労働が行われていることを明らかにした。そして、それをふまえて、俸給月額4％の「教職調整額」を支給することになった。この法律は元来、時間外勤務の無制限化を回避することを意図しており、時間外勤務は、「超勤4項目」（①生徒の実習、②学校行事、③職員会議、④非常災害、児童生徒の指導に関し緊急の措置を必要とする場合等）に限られていた。また、超過勤務を命じる場合、給特法第7条で安全配慮義務[1)]が求められている。だが、実態は、これらの法規定を大きく上回る勤務時間になっている（3）。部活動がその主要因であることは言うまでもない。

第四に、1980年代の生徒指導において、非行防止のために、部活動が活用されたことである。当時の学校では、伝統的な教師中心の学習指導が展開されるとともに、受験競争を背景に、競争と選抜が中心的な原理になっていった。このような情勢において、学校への反抗、校内暴力、非行が社会問題化した。生徒を抑え込むために、管理主義的な教育が導入され、部活動でも体罰が行われる場合が増えた。学校教育法第11条で禁止されている体罰が横行した理由は、「力で抑え込む」教師の文化や生徒指導の方法が形成されたこと、その歴史的背景として、戦前の軍国主義教育が存在していたこと、を指摘できる。この他、高校入試、大学入試における部活動による推薦入試の存在、「部活動に参加した方が内申点に有利」という現実も部活動への参加を後押しした。1980年頃からは、「3年B組金八先生」（TBS系）などのテレビドラマのヒットもあり、教師の聖職者論、献身的教師像も改めて形成された。たしかに、金八先生のような「ヒューマニズム派」の教師が存在する一方で、体罰も容認する「管理主義派」の教師も存在していた。マクロ的に見れば、当時の経済成長優先、能力選抜主義を背景として、生涯学習社会への移行を前に、学校に教育に関するすべてのエネルギーが集まっていたことは否めない。部活動に関しても、すでに大会の規制が緩和されていた。部活動は管理主義的・競争主義的になっており、学校のエネルギーを増大させた。同時に、給特法も整備されていたため、教師の長時間労働が一般化していった。教師の側にも、生徒指導や部活動に「教師としてのやりがい」を求める考え方が広まった。そして、こうした考え方に憧憬する者や実際に競争主義的な部活動を経験した者が教職を志すようになった。現代の部活動などの長時間指導の原型は１９８０年代に形成されたと言えよう。

第五に、１９８９（平成元）年以降から現代に至る過剰な部活動の固定化である。まず、１９８９（平成元）年改訂の学習指導要領で、部活動への参加により必修クラブの履修を認める制度が設けられた（神谷 2015：154）。これは「部活動代替措置」と呼ばれている。「学校５日制が１９９２（平成４）年月１回で開始され、95年に月２回に拡大され、２００２（平成14）年に完全実施されていくなかで、授業時数の確保に苦慮する多くの学校は、部活代替措置を用いて必修クラブ活動を時間割上からなくし、かわりに生徒の部活動加入を義務づけた」（中澤 2014：120）。次に、１９９８（平成10）年改訂の学習指導要領で、部活動が盛んであることを理由に、必修クラブが廃止された（121-122）。特色ある学校づくりが政策的に推進される中、部活動の取り扱いは学校の裁量となった。だが、結果的に、「学校は運動部活動を手放さなかったといえる」（122）。この背景として、前述の生徒指導のための部活動というメリットと部活動それ自体に「やりがい」を求める教師の層が厚くなったことを指摘できる。最後に、２００８（平成20）年改訂学習指導要領においては、部活動と教育課程の関連が明記された。この方針は、２０１７（平成29）年改訂学習指導要領でも踏襲されており、「生徒の自主的、自発的な参加により行われる部活動については、（中略）学校教育の一環として、教育課程との関連が図られるよう留意すること」とされている。現在、この表記は一般的なものとして理解が広まっている。ただし、「これは法的・制度的な問題点を解決しないままでの部活動の強化策（いわば学校と地域社会への丸投げ）であり、文部科学省の姿勢には若干の疑問なしとしない。このように、学習指導要領上のブレを始めとして、部活動に対する軸足が定まらないことは、学校現場に諸々の問題を引き起こしている」（関 2009：53）という厳しい指摘もある。

その後、２０１４（平成26）年にＯＥＣＤの「国際教員指導環境調査」（Teaching and Learning International Survey：TALIS2013）の結果が発表され、日本は課外活動の指導時間が７・７時間であり、参加国平均２・１時間に比べてとても長いことが明らかになった（国立教育政策研究所 2014：24）。ここから、教師の働き方改革や教師の役割の見直しが政策課題となった。２０１７（平成29）年に学校教育法施行規則に基づき部活動指導員制度が施行されたが、人材の確保の難しさや、低収入で責任が重いことなどが問題になっている。２０１９（平成31）年1月には、中央教育審議会が「新しい時代の教育に向けた持続可能な学校指導・運営体制の構築のための学校における働き方改革に関する総合的な方策について」（答申）をまとめた。この答申では、公立学校教員の残業時間を原則「月45時間以内」にする時間外勤務の上限規制、変形労働時間制の導入などが提案された。時間外手当を原則支払わないことを定めた給特法の抜本的な改正には言及しておらず、時間外勤務の上限を超えた場合の罰則も定めない方向である。今後は、各自治体と学校で部活動などの見直しを進めて、教師の仕事量を軽減していく必要がある。

4 これからの部活動と学校教育——ホワイト部活動への序奏

１９６０年代の高度経済成長期から１９８０年代のバブル経済期までをふりかえると、「競争主義、画一主義、総量主義」を基調とする日本型の学校教育は、校内暴力、非行、落ちこぼれなど、非人間的な側面を招いた。一方で、偏差値で選抜された生徒が大学に進学し、就職後に、ジェネラルな職務能力を高めていく仕組みは、当時の産業構造や労使慣行において機能していたとも言える（乾 1990）。現在も、部活動、体育会経験者が就職で優遇されている。会社でのジェネラルな職務遂行を高めるためには、部活動で培った忍耐力（理不尽な事柄への忍耐力を含む）、先輩後輩関係（指令に対する従順な人間関係）、長時間労働の受容にとって有効だからである。

ところが、その後、産業構造が変わり、コンピューター、インターネット、人工知能の普及の時代になり、ビッグデータや創造力が産業の資本となった。男女共同参画社会において、女性の活躍が期待される世の中になった。このような状況の変化にも関わらず、従来の長時間労働が産業界や教育界で続けられている。そして、子育ての時間がとれない等の要因によって、少子化が進んだ。社会構造の変化にもかかわらず、企業や教育界は改革ができないため、現状が維持されている。部活動をしなければ忍耐力は身につかないのか。長時間労働が社会の生産性を低めていないか。これらの問題は、長時間で休みの無い部活動と無関係ではない。

学校教育においては、２０１７（平成29）年改訂の学習指導要領も、無理に高度化し、内容を分厚くし、教科書も分厚くなっている。基礎知識とコンピテンシーを同時に追求しているが、学級サイズや教師の力量の観点から無理があり、実際には授業についていけない児童生徒が増加している。現に不登校が増加傾向にあることは憂慮すべきである。

１９９８（平成10）年改訂学習指導要領は、「ゆとり教育」と批判されたが、実際には国際学力テストの得点は維持ないし向上していた（佐藤・岡本 2014）。にもかかわらず、現在も根拠の無い「ゆとり教育」批判が続けられており、教育政策の形成に影響を与えている。結果、文部科学省は、「ゆとり教育」

批判を恐れ、学習指導要領を高度化主義、総量主義の観点から改訂した。学習指導要領の総量主義と並行して、部活動の長時間主義、競争主義が維持されてきた。筆者は、部活動改革を学校教育改革の突破口と捉え、ホワイト部活動への移行を提言する。部活動の休養日の確保、朝練の見直し、大会規模の縮小が求められている。保護者の意識改革も必要だろう。

学校とは何か。学校は、誰かが何かを達成しようとする場である。児童生徒は何かを達成しようとしている。勉強の場合もあるだろうし、趣味の場合もあるだろう。教師も何かを達成しようとしている。授業で達成しようとしているのならよいが、部活動で達成感を得ている教師がいる。ただし、これらは、前述のように、戦後、昭和の時代に形成され、１９８０年代に固定化したものである。部活動は達成しようとする場の一つだから、教育的効果があるのかもしれない。だが、現状のような部活動を続けていては、児童生徒理解、授業力の向上、授業の準備、教師の力量向上、校内研究、教師の健康に支障がある。部活動で達成感を得ることによって満足している教師はいないか。学校の本来の目的は部活動ではない。昭和の時代の社会情勢ならともかく、今日は、ＡＩ、グローバル化、情報化の時代である。画一主義、競争主義、総量主義から離脱した学校像を描く必要がある。その第一歩がホワイト部活動の実現である。

【注釈】

1）給特法第7条において、超過勤務を命じる際には「教育職員の健康と福祉を害することとならないよう勤務の実情について充分な配慮がされなければならない」と定められている。

【文献】

阿部生雄『近代スポーツマンシップの誕生と成長』放送大学出版会、2009年
乾彰夫『日本の教育と企業社会―一元的能力主義と現代の教育＝社会構造』大月書店、1990年
神谷拓『運動部活動の教育学入門―歴史とのダイアローグ』大修館書店、2015年
菊池城司「誰が中等学校に進学したか：近代日本における中等教育機会・再考」『大阪大学教育学年報』第2号、1997年、1―22頁
北神正行「教員の労働環境と働き方改革をめぐる教育政策論的検討」『学校経営研究』第43巻、大塚学校経営研究会、2018年、1―10頁
国立教育政策研究所編『教育環境の国際比較―OECD国際教育指導環境調査（TALIS）2013年調査結果報告書』明石書店、2014年
坂上康博ほか編著『スポーツの世界史』一色出版、2018年
佐藤博志・岡本智周『「ゆとり」批判はどうつくられたのか―世代論を解きほぐす』太郎次郎社エディタス、2014年
スポーツ庁『平成29年度運動部活動等に関する実態調査報告書』東京書籍、2018年3月
関喜比古「問われている部活動の在り方―新学習指導要領における部活動の位置づけ―」『立法と調査』No．294、2009年、51―59頁
谷雅泰「日本近代教育法制史概説」『福島大学教育学部論集』第71号、2001年、9―28頁
中澤篤史「大正後期から昭和初期における東京帝国大学運動会の組織化過程―学生間および大学当局の相互行為に焦点を当てて」『体育学研究』53号、2008年、315―328頁
中澤篤史「学校運動部活動研究の動向・課題・展望：スポーツと教育の日本特殊的関係の探求に向けて」『一橋大学スポーツ研究』30号、2011年、31―42頁
中澤篤史『運動部活動の戦後と現在―なぜスポーツは学校教育に結び付けられるのか』青弓社、2014年
永谷稔「学校運動部活動を教育に位置付けた文部省の意図―明治初期からの戦前と戦後の史的背景から」『北海学園大学大

学院経営学研究科　研究論集』15号、２０１７年、９—15頁
古阪肇「英国パブリック・スクールにおける課外活動の今日的意義」『早稲田教育評論』第29巻第1号、２０１５年、１１５—１３３頁
文部科学省「平成29年度運動部活動等に関する実態調査」２０１７年 http://www.mext.go.jp/sports/b_menu/shingi/013_index/shiryo/__icsFiles/afieldfile/2017/11/20/1398467_01_1.pdf（参照日：２０１８年12月４日）
文部科学省「二　明治憲法と教育勅語」http://www.mext.go.jp/b_menu/hakusho/html/others/detail/1317610.htm（参照日：２０１８年12月４日）

ポイント

1 部活動の実態は、政策、制度、国民の意識、文化が関係している。部活動の問題を解決するためには、部活動それ自体だけでなく、他の様々な社会的事象との連関での問い直しが必要である。

2 戦前の部活動への参加率は限定的であり、戦後すぐも半数を下回っていた。だが、全国大会の規制緩和、生徒指導における部活動の活用などの流れの中で、部活動が定着し、現在のような過剰な実態になっていった。

3 文部科学省が働き方改革を推進することには意義があるが、仕事の総量を削減するためには、部活動の改革が不可欠である。部活動改革を進めるためには、教育委員会の施策や校長のリーダーシップのみならず、教員、保護者の意識改革も必要である。

2章

部活動の制度はどうなっているのか

1 部活動の法的な位置付け

そもそも「部活動」は法的にどのような位置づけにあるのだろうか。

学校が行うべき教育内容が体系的に示されている学習指導要領（以下、指導要領[1]）では、部活動について、「学校運営上の留意事項」として次のように触れられている（現行の中学校の指導要領における記述であるが、高等学校（以下、高校）、特別支援学校の中等部の指導要領にも同様の記述がある）。

> 教育課程外の学校教育活動と教育課程の関連が図られるように留意するものとする。特に、生徒の自主的、自発的な参加により行われる部活動については、スポーツや文化、科学等に親しませ、学習意欲の向上や責任感、連帯感の涵養等、学校教育が目指す資質・能力の育成に資するものであり、学校教育の一環として、教育課程との関連が図られるよう留意すること。その際、学校や地域の実態に応じ、地域の人々の協力、社会教育施設や社会教育関係団体等の各種団体との連携などの運営上の工夫を行い、持続可能な運営体制が整えられるようにするものとする。
>
> 【平成29年告示 中学校学習指導要領】

端的に言えば、部活動は「学校の教育活動」として位置づけられている。ただし学校には法令に基づき計画的に行われる義務的な教育活動と、行うか否か自治体や学校ごとに判断される教育活動がある。制度・政策上、前者は「教育課程」といい、後者は「教育課程外の活動」といわれる。現在、中学校の「教育課程」は各教科（道徳を含む）、総合的な学習の時間、特別活動で構成されており、部活動はこれに含まれない「教育課程外の活動」という位置づけだ。

指導要領に基づいて学校が編成する教育課程は、学校教育の目的・目標、自治体や各学校が目指す子ども像を達成するために、何を、いつ、どの順番で教える（学習する）のかという、学校ごとの総合的な教育計画で[2)]、基本的に「授業時間」として数えられ、指導計画や時間割、行事予定といったかたちで示されている。一方、「教育課程外の活動」である部活動は生徒が自発的・自主的な参加がある場合に行われる、いわば任意の活動である。ただし、学校教育の一環であることから、学校の教育目標や目指す生徒像に基づく活動計画の作成が求められるなど、学校教育全体の中に位置づける必要がある。この位置づけは、部活動の起源とされている明治期の校友会の発足当初から続いている（仁木・森部 2006：216）。

(1) 部活動を担うのは誰か

「学校教育の一環である」ことは、部活動の管理運営責任が各学校（校長）（学校教育法第37条4項）、そして当該学校の設置者（教育委員会）にあることを意味する（同法第5条）。義務的な活動ではないために、実施や管理は学校の裁量に任されていることが多く、教育委員会の関与（規制および支援）は、部活動にかかわる国レベルの政策動向に対応するほかは限定的である。どのような活動をどの程度（日数・時間）行い、指導を誰が担うのかや活動費の負担のあり方は、学校や自治体ごとに異なる。

部活動の顧問や指導は教員が担うケースがほとんどであるが、実は学校教育の一環であるというだけでは直ちに教員の職務（業務）であることを意味しない。にもかかわらず、２０１７（平成29）年にスポーツ庁が行った「運動部活動等に関する実態調査」（以下、運動部活動実態調査）[3]によれば、部活動顧問の配置方針について、「全員が顧問に当たることを原則」としている学校の割合は、中学校では93・３％、高校では93・２％であった。このように、多くの学校で、全員顧問制がとられているのが実態である。[4]

表２-１　中学校の教諭の１日当たりの学内勤務時間（持ち帰り時間は含まない。）の内訳

		勤務時間：平日	勤務時間：土日
a	朝の業務	0:37	0:01
b1	授業（主担当）	3:05	0:03
b2	授業（補助）	0:21	0:00
c	授業準備	1:26	0:13
d	学習指導	0:09	0:01
e	成績処理	0:38	0:13
f	生徒指導（集団）	1:02	0:01
g	生徒指導（個別）	0:18	0:01
h	部活動・クラブ活動	0:41	2:09
i	生徒会指導	0:06	0:00
j	学校行事	0:27	0:11
k	学年・学級経営	0:37	0:04
l	学校経営	0:21	0:03
m1	職員会議・学年会などの会議	0:19	0:00
m2	個別の打ち合わせ	0:06	0:00
n1	事務（調査への回答）	0:01	0:00
n2	事務（学納金関連）	0:01	0:00
n3	事務（その他）	0:17	0:02
o	校内研修	0:06	0:00
p	保護者・PTA 対応	0:10	0:03
q	地域対応	0:01	0:01
r	行政・関係団体対応	0:01	0:00
s	校務としての研修	0:12	0:01
t	会議・打ち合わせ（校外）	0:07	0:01
u	その他校務	0:09	0:04

※勤務時間については小数点を切り捨てて表示
※「教諭」には、2016（平成 28）年調査では、主幹教諭・指導教諭を含む

出所：文部科学省「教員勤務実態調査（平成 28 年）（確定値）」（平成 28 年 9 月 27 日）より筆者作成

図 2–1　部活動状況別の 1 日当たりの勤務時間（教諭 中学校）

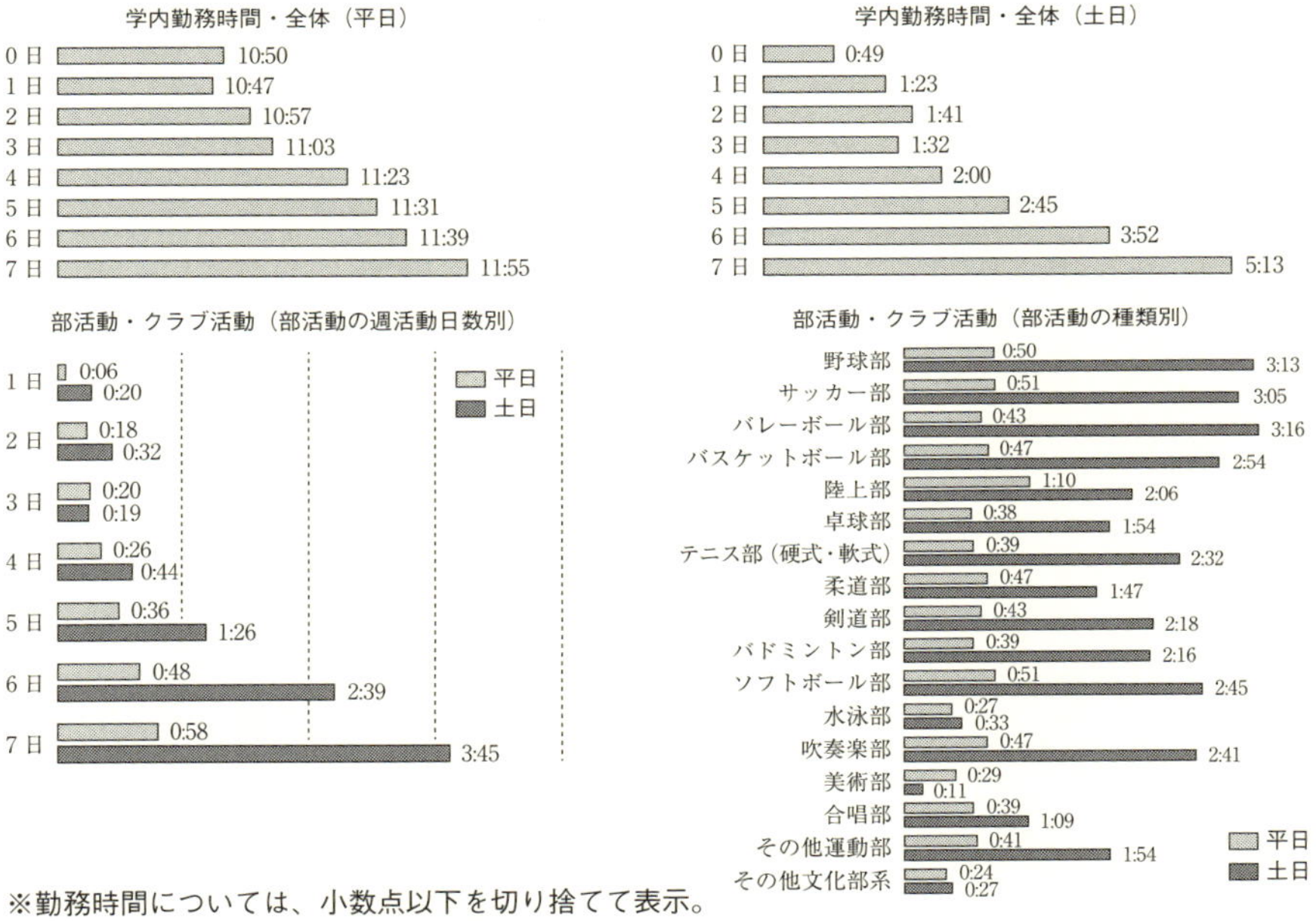

※勤務時間については、小数点以下を切り捨てて表示。
※「教諭」について、主幹教諭・指導教諭を含む。
出所：文部科学省「勤務実態調査（平成 28 年）（確定値）」（平成 28 年 9 月 27 日）より転載

また、２０１６（平成28）年に行われた「教員勤務実態調査」（以下、勤務実態調査）によれば、公立中学校教員の勤務時間[5]を業務内容別にみると、部活動については平日41分（教諭の平日1日当たり学内勤務時間は11時間32分）、勤務日を除く土日では2時間9分（教諭の土日の勤務時間は3時間5分）が充てられている（表2―1）。平日の部活動指導は授業（3時間5分）、授業準備（1時間26分）、集団・個別の生徒指導（1時間20分）について時間が割かれており、他の業務に比べても費やされている時間が長く、教員の業務の中心部分に置かれていることがわかる。

さらに、本調査では部活動の活動日数が多いほど、1日あたりの学内勤務時間全体が長いことや、勤務時間が活動内容によって左右されることも指摘されている（図2

―1）。

教員の職務は、学校教育法第37条11項において「児童の教育をつかさどる」とされている（小学校の規定であるが他校種へ準用される）。まず授業や生徒指導が想定されるが、実際はそうした教育活動が無限定的な性質をもつことに加え、表2―1に示されたａ～ｕの業務を見るとわかる通り、それに付随する様々な業務があり、部活動指導もその一つとなっている。ちなみに勤務実態調査では、中学校において定められている勤務開始／終了時刻が８時～８時30分／16時30分～17時である場合が８割以上を占めるにもかかわらず、中学校教諭の出勤時刻／退勤時刻の平均は７時27分／19時19分となっている。こうした時間外勤務の実態をみると、勤務時間内にすべての業務を行うことが困難な状況が看取できる。

部活動顧問を校務分掌として割り当てること自体は問題がないものの、公立学校教員については、制度上、勤務時間外に指導や引率を校長等の職務命令によって行わせることができない。一般には一定の手続きの下で、雇用主は労働者に対し時間外勤務を命じることができる（労働基準法第36条）が、公立学校の教育職員については、「正規の勤務時間の割振りを適正に行い、原則として、時間外勤務は命じないものとされており、正規の勤務時間を超えて勤務させる場合は、「政令で定める基準に従い条例で定める場合に限るものとする」とされているのである（公立の義務教育諸学校等の教育職員の給与等に関する特別措置法第５条及び第６条）[6)]。「政令で定める基準」とは、いわゆる「超勤４項目」に従事する場合である。「超勤４項目」とは、「公立の義務教育諸学校等の教育職員を正規の勤務時間を超えて勤務させる場合等の基準を定める政令」で定められている以下の４つの業務で、部活動は含まれない。

・校外実習その他生徒の実習に関する業務

表2-2　教員の業務の分類（例）

(a)	学習指導、生徒指導、進路指導、学校行事、授業準備、教材研究、学年・学級経営、校務分掌や校内委員会等に係る事務、教務事務（学習評価等）
(b)	カウンセリング、部活動指導、外国語指導、教員以外の知見を入れることで学びが豊かになる教育（キャリア教育、体験活動など）、地域との連携推進、保護者対応
(c)	事務業務、学校図書館業務、ICT 活用支援業務
(d)	指導補助業務

出所：中央教育審議会「チームとしての学校の在り方と今後の改善方策について（答申）」（平成27年12月）より筆者作成

・修学旅行その他学校の行事に関する業務
・職員会議（設置者の定めるところにより学校に置かれるものをいう。）に関する業務
・非常災害の場合、児童又は生徒の指導に関し緊急の措置を必要とする場合その他やむを得ない場合に必要な業務

なお、私立学校については一般の労働法が適用されることとなっているが、法人の規則等により「公立学校に準ずる」とされている場合もある。

勤務実態調査が明らかにしたように、学校教育の一環として位置づいてきた部活動は教員の中心的な職務となっているが、法令上、誰が担うべき職務であるのかについては明確にされていないのである。

２０１５（平成27）年に出された、中央教育審議会（以下、中教審）「チームとしての学校の在り方と今後の改善方策について（答申）」（平成27年12月21日）では、教員の業務を、(a)教員が行うことが期待されている本来的な業務、(b)教員に加え、専門スタッフ、地域人材等が連携・分担することで、より効果を上げることができる業務、(c)教員以外の職員が連携・分担することが効果的な業務、(d)多様な経験を有する地域人材等が担う業務、に分類する考え方を示した（表２―２）。

部活動は(b)に分類され、教員以外の人材がかかわることが望ましい業務

とされた。

また、2017(平成29)年9月に中教審に設置された学校における働き方改革特別部会においても、「教員の業務量や自治体での取組、諸外国における教職員の分業体制等を参照し、役割分担等について特に具体的に議論すべき」11の業務がピックアップされ[7]、検討が行われた。検討の視点としては次の5点が示され、これまで教員の業務については①や②のみで捉えられがちであったとして、③~⑤の観点も含めてどのような方策が考えられるかを念頭に検討が行われた。

①基本的に教員のみが担える業務(教員が担わなければならない業務)
②教員が担う必要があるが、教員以外の者の参画により教員の業務量を軽減できる業務
③他にふさわしい者がいる場合には必ずしも教員が担う必要がない業務
④学校において教員以外の者が担うべき業務(教員が担うべきではない業務)
⑤学校以外が担うべき業務

結果として、部活動は、「学校の業務だが、必ずしも教師が担う必要のない業務」として明確化された。しかし、後述するように、これまでの政策は特に運動部活動の指導を中心に教員のかかわりを求め、教員はその期待に積極的に応えてきた実態があった。全員顧問制などは、課内と課外に混在してきたクラブ組織の活動を指導するために、いわば慣習的に定着してきたものといえる。

(2) 部活動に対する学校・教員の責任

学校教育の一環である以上、その実施に関する責任は校長および設置者にあることは先に述べた通りで

表2−3 場合別発生割合・件数　件（%）

	各教科等	特別活動（学校行事を除く）	学校行事	課外指導	休憩時間	寄宿舎にあるとき	技能連携授業中	通学中	合計
小学校	100165 (28.4)	31843 (9.0)	13482 (3.8)	9238 (2.6)	169315 (48.0)	43 (0.0)	–	28339 (8.0)	352425 (100.0)
中学校	86996 (25.4)	8202 (2.4)	19985 (5.8)	177376 (51.7)	39601 (11.5)	214 (0.1)	–	10545 (3.1)	342919 (100.0)
高等学校等	59180 (22.3)	2001 (0.8)	21990 (8.3)	157356 (59.3)	11261 (4.2)	419 (0.2)	5 (0.0)	13359 (5.0)	265571 (100.0)
高等専門学校	543 (22.5)	92 (3.8)	185 (7.7)	1278 (53.1)	127 (5.3)	41 (1.7)	–	143 (5.9)	2409 (100.0)

出所：独立行政法人日本スポーツ振興センター「学校の管理下の災害（平成30年版）」より筆者作成

ある。特に責任の所在が問題となるのは事故等の有事の際である。

最高裁は、部活動についても、「学校側には生徒を指導監督し、事故の発生を未然に防止すべき一般的な注意義務があることは否定できない」とした（最二小判昭和58年2月18日民集37巻1号101頁）。注意義務の範囲については「児童生徒の学校における教育活動及びこれと密接不離な生活関係に随伴して行われた行為」と解され（東京地判昭和40年9月9日判時429号26頁）、放課後、始業前、休憩時間、クラブ活動が含まれると考えられている。

また、学校事故に対する補償をおこなう災害共済給付制度においても、「学校の管理下」となる範囲に「学校の教育計画に基づく課外指導を受けている場合」（独立行政法人日本スポーツ振興センター法施行令5条2項）を挙げており、部活動がこれに該当する。なお、独立行政法人日本スポーツ振興センターが平成29年度に医療費の給付を行った負傷・疾病は中学校・高校共に「課外指導」中に最も多く発生している（表2―3）。「課外指導」のほとんどは「体育的部活動」によるものである。

課外活動における具体的な注意義務の程度については、活動内容や頻度、事故の様態や損害の程度により判決も異なる見解を示している。

例えば、部活動中の生徒間の暴力行為による負傷について学校側の監督責任が問われた裁判では、「何らかの事故の発生する危険性を具体的に予見することが可能であるような特段の事情があるばあいは格別、そうでない限り、顧問の教諭としては、個々の活動に常時立会い、監視指導すべき義務までを負うものではない」とした（最二小判昭和58年2月18日民集37巻1号101頁）。ここでいう「特段の事情」とは、課外活動そのものに一定上の危険が内在している場合（危険な器具や技術の使用があるなど）、活動自体に危険性はないが、活動中に何らかの事故が生じうる危険性が具体的に予見可能である場合があるとされている（岩橋2012：100）。

一方で、体操部の練習における事故の裁判では、実技訓練を行うクラブ活動においては、その試みる技の種目が高度なものになるほど危険性は高くなることから、指導担当教諭は絶えずクラブ活動全体を把握して生徒の技の習得状況、熟練度に応じた技の練習をさせることにより、できるだけ危険を防止すべく綿密な実施計画を立て、これを生徒の状況に応じて実施するよう徹底させることが必要であるとされた（東京高判平成7年2月28日判タ890号226頁）。

また、部活動中の熱中症にかかわる裁判では、気象や生徒の体力、練習量やその経過を総合的に考慮すれば熱中症を予見し得たとして、生徒の全身状態を十分観察した上、休ませて水分を補給させる等の措置を執るべき注意義務があったと判じている（静岡地沼津支判平成7年4月19日判タ893号238頁）。こうした配慮を行うためには、部活動への教員の積極的なかかわりが必要となることが予想される。

このほか、部活動の対外試合中の落雷による事故について、顧問の教諭および大会の主催者の責任が問われた裁判では、危険の予見が科学的知見に従ってされるべきこと、危険が予見された場合にはそれを回避すべき義務があるとされた（最二小判平成18年3月13日判時1929号41頁）。最高裁は指導、監督側が一般的・平均的な認識では足りず、科学的知見に基づく判断を必要とするとの立場を示したのである。

こうした判例からは、運動部活動を中心に顧問および指導者には、教育的配慮や活動計画の作成など活動内容に関することだけでなく、事故や安全、健康、天候にかかわる幅広い知識や経験が必要不可欠であるとされてきたことがわかる。しかし、教員の業務が見直され、外部指導者の活用が推進される中にあっては、安全管理の仕方や役割分担の見直し、責任の所在の明確化が一層重要となっている。

2 部活動を支える諸条件

(1) 部活動に対する自治体の取り組み

これまで見てきたように、部活動は学校教育の一環であり、適切な指導計画の下で、生徒の安全に配慮しつつ、学校教育の目的、目標が達成されるよう行われる必要がある。各学校は、それぞれに部活動の充実や適切な管理運営を行っていかなければならない。これに対し、行政はどのような取り組みや支援を行っているのだろうか。

現在、スポーツ庁による「運動部活動の在り方に関する総合的なガイドライン」（平成30年3月19日）（以下、運動部の在り方ガイドライン）では、「適切な運営のための体制整備」として、中学校段階の学校について、都道府県、市町村、学校のそれぞれに対し運動部活動の活動時間および休養日の設定等に関する方針の策定を求めた。これを受け、自治体および学校では部活動の実施についてガイドラインを策定しつつある。国による部活動指導員の配置補助事業が適切な練習時間や休養日の設定など適正化を進めている教育委員会を対象としているため、ガイドラインを作成する自治体は増えている。また、この動きおよび内容に合わせ、文化庁においても「文化部活動の在り方に関する総合的なガイドライン」（２０１８（平成30）年12月27日）が策定された。

　これ以前は自治体によって、部活動指導に関する手引きやガイドラインを独自に定めている自治体があり、おおむね２０１０（平成22）～２０１４（平成26）年ごろ公開されている。[8)]この背景には、いくつかの出来事がある。

　まず、２００８（平成20）・２００９（平成21）年の指導要領改訂において、部活動が「学校教育の一環」であり教育課程との関連を図ること、と明記されたことである。時期を一にして、文部科学省委託事業「地域スポーツ人材の活用実践支援事業」（２００９（平成21）年度）が行われ、一部の自治体では地域と連携協力した部活動の在り方に関する研究が行われ、取り組みが推進された。全国でも早い段階で指導の在り方を示した高知県の手引きには、「組織として機能する部活動」を目指すとして、ＰＤＣＡに基づく運営のプロセス、顧問の役割、指導の在り方等が示されている（高知県教育委員会「部活動の実践に向けて　輝く笑顔」平成20年5月）。

　また、２０１２（平成24）年12月に、顧問の教員の体罰を背景として高校生が自ら命を絶つ事件が起こり、部活動指導の在り方に批判が集まったことが挙げられる。これを受け、文部科学省では運動部活動の在り方に関する調査研究協力者会議を設置し、部活動指導の在り方に関する検討を行った（「運動部活動の在り方に関する調査研究報告書～一人一人の生徒が輝く運動部活動を目指して～」平成25年5月7日）。併せて「運動部活動での指導のガイドライン」を作成し、各自治体に活用を促した。

これよりさらに前では、後述するように、1998（平成10）・1999（平成11）年の指導要領改訂において必修クラブの廃止、2002（平成14）年の完全週5日制の導入等にむけた学校運営の在り方の見直しなどの時期に、部活動の在り方に関する改革を行った自治体がある。文部省において平成7年度から開催されてきた「中学生・高校生のスポーツ活動に関する調査研究協力者会議」より「運動部活動の在り方に関する調査研究報告書」が提出され、各自治体は対応が必要になったのである。本報告書では、運動部の顧問においては、スポーツ外傷・障害の予防知識を含め、スポーツ医・科学の成果に立脚した実技指導力をより向上させることが課題であるとして、国や地方公共団体、関係団体において、研修会の開催や手引等の作成など、スポーツ医・科学に関する情報、運動部の運営や指導の在り方に関する情報提供を充実させていくことが必要とされた。

このように、適切な指導や学校事故対策、教員の負担軽減と地域人材の活用、地域スポーツの振興などについて、これまで国レベルの動きに応じて、自治体における部活動政策が進められてきたが、積極的に行っている自治体とそうでない自治体があるのが実態であった。しかし、今次の教育の働き方改革と併せた部活動改革では国の支援が充実することもあり、どの自治体でも取り組みの意識が高まっていると言える。

⑵ 外部指導者

２０１６（平成28）年、学校教育法施行規則の改正により「部活動指導員」が制度化された（２０１７（平成29）年施行）。部活動指導員は、中学校の教育課程として行われるものを除く中学校におけるスポーツ、文化、科学等に関する教育活動に係る技術的な指導に従事するとされ、具体的な職務として以下の事項が挙げられている（文部科学省「学校教育法施行規則の一部を改正する省令の施行について（通知）」平成29年３月14日）。

・実技指導
・安全・障害予防に関する知識・技能の指導
・学校外での活動（大会・練習試合等）の引率
・用具・施設の点検・管理
・部活動の管理運営（会計管理等）
・保護者等への連絡
・年間・月間指導計画の作成
・生徒指導に係る対応
・事故が発生した場合の現場対応

ただしこれらの職務を教員が行うことを妨げるものではないことも明記された。

外部指導者の活用は1990年代から促進されてきた。例えば上述した1997（平成9）年の調査報告書においても外部指導者の活用を推進すべきことや、「地方公共団体が、スポーツドクター（スポーツ医）や大学の専門家、都道府県・市町村のスポーツ施設の専門家やスポーツ相談コーナーなどの活用のための情報を集約し、学校からの求めに応じて提供していくこと」などを提言している。特に運動部活動においては、文部省・文部科学省においても、これまで「中学校・高校スポーツ活動振興事業」（昭和60年度～）、「スポーツエキスパート活用事業」（平成13年度～）、「運動部活動地域連携実践事業」（平成16～19年度）、「トップアスリート派遣指導事業」（平成18～22年度）、「運動部活動等活性化推進事業」（平成19年度～）、「地域スポーツ人材の活用実践支援事業」（平成20年度～）などの補助事業が行われてきた。しかし、予算を伴うこともあり、自治体や学校によって取り組みには差があった。

今回の制度化に伴い、文部科学省は学校教育法施行規則第78条の2に該当する公立中学校における部活動指導員の配置（報酬、交通費、出張旅費等）のために2018（平成30）年度の予算要求額として15億円（配置人数：約7100人）を計上した。1校あたり3人程度の部活動指導員を計画的に配置（4年計画の初年度：全体計画の1／4を計上）しようとするもので、自治体に対して国が3分の1を負担する（市町村が事業主体の場合、都道府県が1／3、市町村が1／3を負担。都道府県、指定都市の場合は2／3を負担）。

教員の負担軽減が再び問題とされて以降、自治体による部活動支援も充実し始めている。例えば静岡市では、市立中学の部活動をサポートする地元企業や大学が参加する「部活動応援隊」を結成した。参加企業や大学は外部顧問や指導者を派遣し、業務上の強みを活用したサポートを行う。講師の派遣や指導者の研修、飲料の提供、体幹トレーニングの実施など多岐にわたる支援が得られる。[9] 地域全体で学校を支える仕組みだ。

いかに外部の力を取り入れて学校の教育活動としての部活動を運営していくか、こうした取り組みにおいてはスクールリーダーによるマネジメントが特に重要となるだろう。

(3) 部活動の費用

部活動の活動資金は私費負担が基本となっている。生徒会費として全生徒(家計)から一定額を徴収する場合が多い。またPTA会費として徴収されることもある。楽器やユニフォーム、用具や遠征費は自己負担だ。ただし、顧問への手当や施設整備費など教育予算として学校や自治体が負担したり、自治体が「部活動振興事業補助金」などとして活動費や大会参加費等を補助している場合もある。このほか、卒業生からの寄付などがある場合もある。

学校という場ですべての生徒に機会が開かれているようにみえるものの、生徒の自発的な活動としての部活動の費用は受益者負担の原則に基づいており、経済的な理由による選択肢の広狭はあるだろう。こうした問題に対し、生活保護世帯の負担軽減を目的に2018(平成30)年10月1日から生活保護基準が改定され、生活保護世帯における子供の部活動費が定額支給から実費支給に変わることとなった。これまで学習参考書や一般教養図書の購入、小学校のクラブ活動費、中学・高校の部活動費が対象だった学習支援費の支給対象がクラブ活動と部活動に限定される(ボランティア活動は対象になる)。[10] 年額で比較すると小学校では1万5860円減となるものの中学校では5300円増、高校では2万1200円増となる。

学校生活における部活動の占めるウェイトを物語っている。

また、部活動を行わない生徒に対する負担の問題も指摘されており、部活動の位置づけと同時に誰が費用を負担すべきか、という議論も生じている。

(4) 関連団体との連携

部活動は、各関連団体による大会の開催や競技指導など、外部団体の関与や支援の下で行われてきた。戦後、運動部活動の対外試合を統一すること等を目的に1948(昭和23)年6月に創設されたのが、都道府県別の高校体育連盟で構成される全国高校体育連盟(以下、高体連)である。高校生徒の健全な発達を促すために、体育・スポーツ活動の普及と発達を図ることを目指し、競技力の向上や生涯スポーツ実践の基礎作りのための事業に取り組んでいる。例えば、各競技種目の専門部(33競技種目)で大会等の企画・運営等を、研究部では、年に1度の全国研究大会で研究内容やその成果の発表を行っている。なお、野球やアメリカンフットボールなど別に団体をもつ競技もある。高体連につづき、1940年代末から各地で中学校体育連盟の結成が始まり、1955(昭和30)年には東京に全国中学校体育連盟(以下、中体連)が発足している。このほか運動部活動においては、日本体育協会やそれに加盟する競技団体が大会の主催や運営に携わっている。[11]

文化活動の分野では1986(昭和61)年2月に全国高校文化連盟(以下、高文連)が任意団体として全国組織化された。現在、47都道府県高校(芸術)文化連盟と演劇、合唱、吹奏楽などの19全国専門部の正会員団体によって組織されている。主な事業として、1977(昭和52)年より開催されている全国高校総合文化祭がある。各都道府県代表高校生による芸術文化活動の発表・展示が行われる。

こうした団体が、主に大会運営を通じて部活動の振興に寄与してきた。団体へは、国や地方公共団体から補助金が支出されている。また教員が委員や役員として役割を担ってきている。一方でこれまでも部活動が競技力向上志向に傾くなど、その影響力を懸念する声もある。

運動部活動の在り方ガイドラインにおいては、中央競技団体に対し「指導手引（競技レベルに応じた1日2時間程度の練習メニュー例と週間、月間、年間での活動スケジュールや、効果的な練習方法、指導上の留意点、安全面の注意事項等から構成、運動部顧問や生徒の活用の利便性に留意した分かりやすいもの）」を作成するよう求めた。関連団体には専門的見地から指導に関するサポートが期待されている。

また、中体連等に対しても、大会運営について、学校単位での参加という参加資格の見直し、大会の規模・日程、スポーツボランティア等の外部人材の活用など、運営の在り方に関する見直しを求めている。特に大会の参加資格については、これまで学校単位であるために、教員による休日の引率や事故等にかかわる責任の所在が問題となってきた。大会参加や関係団体との連携の在り方も学校の部活動運営の課題となっている。

3 学校教育の一環としての部活動の実態と政策動向

(1) 部活動の多様性

表２-４ 平日（放課後）の活動時間

件／％

		中学校運動部所属						中学校文化部所属					
		全体 n28665		公立 n26649		私立 n2016		全体 n8007		公立 n7095		私立 n912	
1	原則活動していない	500	1.7	455	1.7	45	2.2	158	2	126	1.8	32	3.5
2	15 分以内	56	0.2	49	0.2	7	0.3	31	0.4	23	0.3	8	0.9
3	30 分以内	190	0.7	178	0.7	12	0.6	90	1.1	74	1.0	16	1.8
4	1 時間程度	956	3.3	816	3.1	140	6.9	655	8.2	539	7.6	116	12.7
5	1 ～ 2 時間程度	10006	34.9	9203	34.5	803	39.8	3176	39.7	2753	38.8	423	46.4
6	2 ～ 3 時間程度	14196	49.5	13442	50.4	754	37.4	3186	39.8	2934	41.4	252	27.6
7	3 ～ 4 時間程度	2347	8.2	2152	8.1	194	9.7	551	6.9	512	7.2	39	4.3
8	4 時間以上	214	0.7	167	0.6	47	2.3	51	0.6	46	0.6	5	0.5
	無回答・無効回答者数	200	0.7	187	0.7	13	0.6	109	1.4	88	1.2	21	2.3

		高等学校運動部所属						高等学校文化部所属					
		全体 n21900		公立 n16998		私立 n4902		全体 n11293		公立 n8747		私立 n2546	
1	原則活動していない	278	1.3	202	1.2	76	1.6	505	4.5	372	4.3	133	5.2
2	15 分以内	47	0.2	37	0.2	10	0.2	114	1.0	93	1.1	21	0.8
3	30 分以内	91	0.4	68	0.4	23	0.5	343	3.0	295	3.4	48	1.9
4	1 時間程度	333	1.5	224	1.3	109	2.2	1559	13.8	1269	14.5	290	11.4
5	1 ～ 2 時間程度	4816	22.0	3692	21.7	1124	22.9	3975	35.2	3050	34.9	925	36.3
6	2 ～ 3 時間程度	11138	50.9	9073	53.4	2065	42.1	3506	31	2781	31.8	725	28.5
7	3 ～ 4 時間程度	4207	19.2	3070	18.1	1137	23.2	881	7.8	619	7.1	262	10.3
8	4 時間以上	814	3.7	497	2.9	317	6.5	147	1.3	80	0.9	67	2.6
	無回答・無効回答者数	176	0.8	135	0.8	41	0.8	263	2.3	188	2.1	75	2.9

出所：スポーツ庁「平成 29 年度運動部活動等に関する実態調査報告書」（平成 30 年 3 月）より筆者作成

部活動は学校ごとに活動の内容や程度が異なっており、実態は多様である。一般に公立学校に比べて、私立学校の部活動の方が盛んなイメージがある。特に高校運動部の強豪校は私立学校が多い印象だ。例えば、高校野球では、２０１８年の甲子園出場校56校のうち、公立学校は８校である（なお１００回記念のため出場校が例年より７校多い）。公立と私立の学校数や生徒数の割合に大きな変化はないものの[12]、１９９０年代には半数を下回るようになり、２０１７年（平成29年）には10校を切った（出場枠は49校）。一部の私立高校においては、専願や特待生制度により事実上のスポーツ推薦入学を行ってきた実態もあるという。また、高校の特色化、多様化政策の下でアスリート養成を目指すコースが設置されている高校も増えてきた。

ただ、活動状況に関して、２０１７（平成29）年の運動部活動実態調査では、公立学校と私立学校で全体として目立った差異があるとは言えない結果となった。例えば、平日の放課後の活動時間をみると、中学校運動部では公立で最も多いのが2～3時間程度、私立では1～2時間程度、高校運動部においても公立・私立ともに2～3時間程度が最も多くなっている（表2―4）。一部の私立学校運動部において、3～4時間および4時間以上の活動を行っているが、土日の部活動となると、「原則毎週活動している」という回答が多いのは公立学校である。

違いがある点としては、私立学校の同好会および文化部活動の種類が豊富であるということである。同実態調査における部活動の設置数（校長対象）についてみると、運動部（体育会系）の1校当たりの設置数の平均は公立中学校で9・7部、私立中学校は10・5部、公立高校では14・1部、私立高校では13・6部である。文化部（文化会系）の設置数も公立中学校の平均が2・7部であるのに対し、私立中学校では9部、同好会の設置についても公立中学校0・1部に対して私立中学校は1・7部（3～5部の設置が15%もある）となっている。

その他、高校に関していえば公立学校と私立学校との部活動にかかわる条件の違いとして、入試制度のほか学校規模と活動資金が挙げられる。私立高校は公立高校に比べて大規模校が多い[13)]。生徒数の多さは、活動が多様化するとともに、運営資金面においても多くの収入が見込まれる。私立学校は、公立学校と異なり資金調達面で柔軟性が高いことから、施設・設備や指導者など部活動を支える運営体制の充実した学

表2−5 学科・コースと関連した特色ある部活動・クラブ・同好会の例

学科・コース	特色ある部活動・クラブ・同好会
水産・海洋	セーリング、ダイビング、釣り
農業	農業クラブ、園芸、森林科学
工業	機械研究、電子機械研究、設備システム研究、建設研究、電気研究、電子研究、電気システム、電子技術、建築、電気工作、デザイン
商業・産業	珠算、簿記、パソコン、ワープロ、ビジネスライセンス、プログラミング
環境・数理	地学、理学、ロボット、物理

校がある。一方で、活動場所の確保が難しい学校も多く、より学校による差が大きいといえる。

活動内容に目を移してみると、関連団体において組織されている活動は、運動系では高体連に専門部を置く競技種目が33種類、中体連では役員（競技部長）を置く競技種目が19種類あった。また、文化系では高文連において19の活動の専門部[14]が、全国中学校文化連盟では16種類[15]の展示・発表内容がある。2017（平成29）年の運動部活動実態調査では、運動部については47の競技種目、文化部については26の活動種別が挙げられている。

また、例えば水産・海洋系の学校では、セーリング部やダイビング部、釣り部などがある学校があるように、高校は、学科やコースにより特色のある部活動を行う学校も多い（表2—5）。授業の内容をさらに深めたり、スキルアップを目指す部活の場合もある。関連団体が大会を行っているものもあり、活動が促進されている。

そのほか、生徒の興味・関心に応じて、ダンス、映画、天文、漫画、イラスト、グラフィックアート、マジック、クライミングなどの活動を行う部活・同好会が見られ、実に多様である。

多様な部活動は学校の特色として進学時に重視されるとともに、生徒の居場所としての役割を担ってきた。これは、教員の熱心な指導に加え、多様なあり方が可能な条件（施設・設備面、仲間集団など）が整っていたからと考えることができる。

実際にはこうした多様な活動を維持していくのは困難を伴う。参加生徒数の減少、指導者不足や活動場所の確保などの問題を抱えている学校は少なくない。1996（平成8）に文部省が初めて行った「中学生・高校生のスポーツ活動に関する調査」の時点においても、運動部活動について管理運営上、特に悩んでいることに関する校長の回答（最大2つまで回答可）は、中学校では、「指導者の負担加重」と答えた者が最も多く（56％）、次いで「指導者の不足」（42％）、「施設・設備等の不備・不足」（28％）が多かった。高校では、「指導者の不足」が最も多く（45・5％）、次いで「指導者の負担加重」（43・4％）、「施設・設備等の不備・不足」（31・3％）であった[16]。

指導者、活動場所等の条件整備は大きな課題となってきたのである。

(2) 部活動のこれまで

これまで、部活動はその教育的意義が広く認識される反面、対外試合における勝利至上主義や行き過ぎた指導や練習、教員の勤務管理など、現在と同様の問題が指摘され続けてきた。にもかかわらず、なぜ学校教育の一環として行われ続けたのだろうか。それは学校教育における教育課程と部活動の歴史にある（詳細は中澤（2014）、神谷（2015）を参照）。これらの研究を整理すると、いくつかのターニングポイントが浮かんでくる。

まず、そもそも現在の部活動の起源とされる校友会活動が学校の関与の下で教育活動として導入、拡大してきたということがある。中学校において全学的な組織として創設が進んだ明治20年〜30年代[17]には、多くの場合に目的として「職員・生徒の親睦」のほか、「心身の発達」や「徳智体三育の発達」、「鍛錬」や「修養」が掲げられていた（安東 2009）。校友会の走りとされている、東京府第一中学のＡＳ（Athletic Sports）会、東京府尋常中学校（左記の東京府中学校が校名を改称）の以文会など初期の団体は、スポーツや文芸そのものを目的とし、有志生徒が自主的に結成したものも少なくなかった。しかし、１８９０（明治23）年には東京府第一中学校（左記の東京府尋常中学校が改称）が生徒の参加を義務付けて以後、１８９７（明治30）年前後には所属を義務付けている中学も見られるようになっている。この時期、学校騒擾が頻発したこともあり、生徒の活動を制限し、管理する側面もあったという（安東 2009：31）。また、校長が会長、教員が各部長を務めるなど教員の大きな関与の下で組織されてきたことも指摘されている（神谷 2015：11、仁木・森部 2006：218）。

このように、学校教育に取り入れられた校友会活動は、当初から学校教育における手段として、あるいは学校教育の補完的役割を担うものとして認識されてきたことがわかる。こうした価値づけは戦後、特に運動部活動において強化され、現在まで続いてきた。

①校友会活動を通した生徒指導、自由研究の導入により学校・教師の関与が確立された終戦～１９４０年代【制度上の位置づけ…課外活動／自由研究】

この時期は部活動（当時は校友会活動）への学校・教師の関与が確立された時期といえる。戦後は学校教育においても民主主義や自治が追求されたが、文部省は、そうした「公民的精神」を育成するために、生徒の自治活動として校友会活動を位置づけ、そこで民主主義的体育である「スポーツ」を取り入れることした（文部省「新教育指針」、文部省「公民教育実施に関する件」昭和21年5月）。そして教員が積極的に活動にかかわることを求めている（文部省「学校校友会運動部の組織運営に関する件」（昭和21年）、文部省「学校体育指導要綱」（昭和22年））。一方で対外試合への規制が行われている。ただし、それもまた学校、教師による活動の管理、指導の徹底という形で行われた（文部省「学徒の対外試合について」昭和23年）。また、生徒の不良化を防止する役割も期待された（文部省「青少年の不良化防止について」昭和21年10月）。

さらに1947（昭和22）年に出された指導要領一般編（試案）で、児童生徒の自発的な活動を推進するために、課内活動として「自由研究」が創設された。「学年の区別を去って、同好のものが集まって」学習を進める組織、すなわち「クラブ組織」を作り、活動をすすめることも望ましいとして、音楽クラブ、書道クラブ、手芸クラブやスポーツ・クラブが例示されている。自由研究は、課内活動でありながら放課後まで延長可能な活動とされたため校友会活動と併存し混乱を招いたことが指摘されている（仁木2008：78）。どちらにも教員の積極的関与が求められた点は同様である。

②少年犯罪の増加およびオリンピックを背景に教員の指導的役割が肥大化した1950年代〜60年代前半【制度上の位置づけ…課外活動／特別教育活動】

この時期は生徒指導上の諸問題および競技力向上に対応する教員の指導的役割の肥大化と特徴づけられる。

文部省は、1949（昭和24）年に「自由研究」に代えて「特別教育活動」（当初は「特別課程活動」）

図 2-2　少年刑法犯の検挙人員及び人口比（10 歳以上 20 歳未満の少年人口 10 万人当たりの検挙人員の比率）の推移

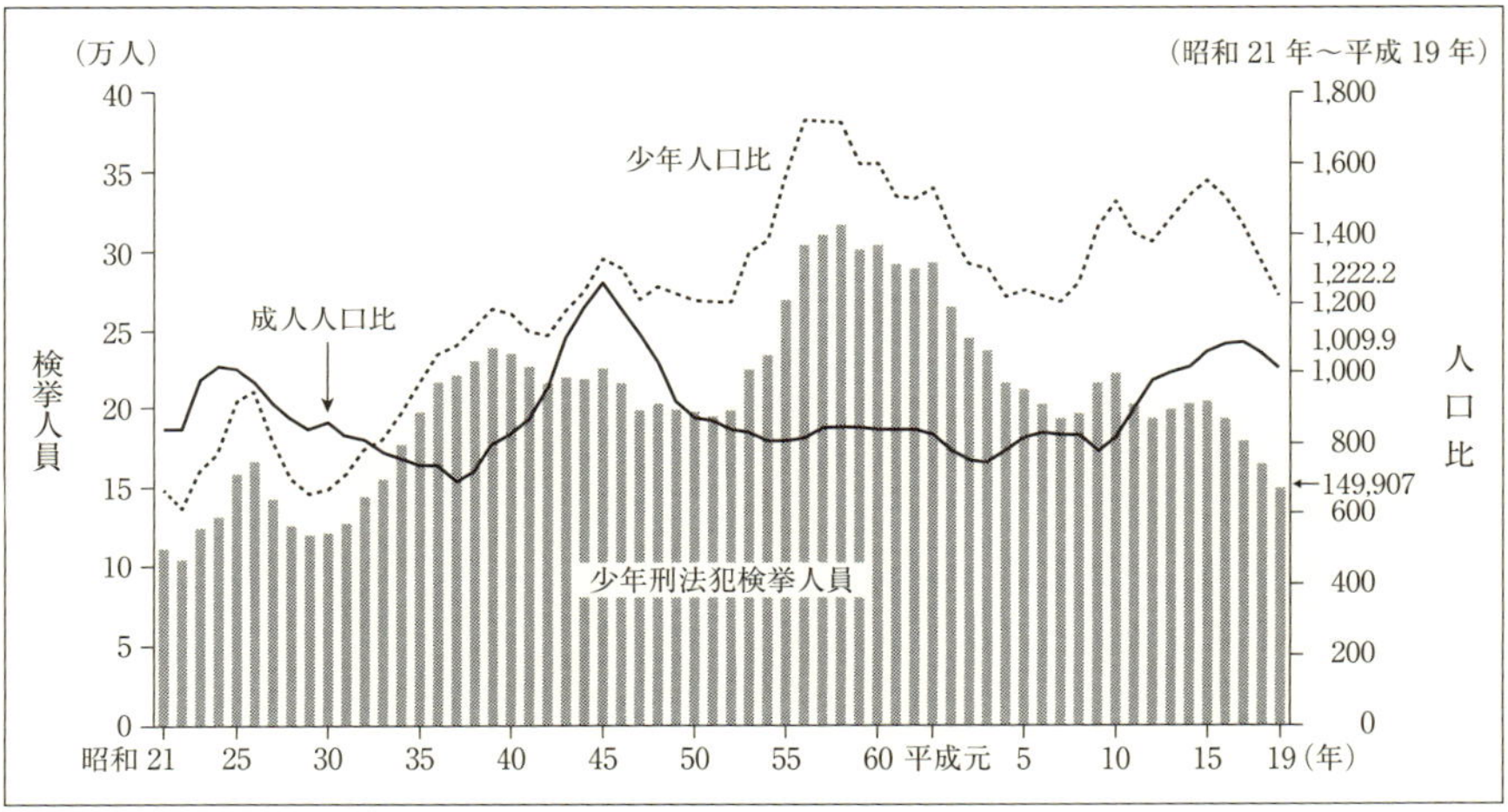

（注）1　警察庁の統計及び総務省統計局の人口資料による。
2　触法少年の補導人員を含む。
3　昭和 45 年以降は、触法少年の自動車運転過失致死傷等を除く。
4　「少年人口比」は、10 歳以上 20 歳未満の少年人口 10 万人当たりの少年刑法犯検挙人員の比率であり、「成人人口比」は、20 歳以上の成人人口 10 万人当たりの成人刑法犯検挙人員の比率である。
（出典）法務総合研究所『犯罪白書』（平成 20 年版）

出所：国立教育政策研究所生徒指導研究センター「生徒指導資料第１集（改訂版）　生徒指導上の諸問題の推移とこれからの生徒指導―データに見る生徒指導の課題と展望―」（平成 21 年３月）より転載

を導入した。運動、趣味、娯楽、ホームルーム活動、その他の生徒会などの諸活動、社会的公民的訓練活動を行うものとし、正規の教育課程内に授業時数を割り当てた（各学年年間70～175時間、週2～5時間）。自由研究同様に、放課後の時間に延長して行うことが認められていた。その中で、「クラブ」としての活動は「クラブの時間」（当初は「クラブ時間」）として週1時間正規の時間をとって行うことが推奨された。

この変更は1951（昭和26）年の指導要領一般編（試案）改訂版に反映され、特別教育活動は単なる課外ではなく「正規の学校活動」と位置づけられた（仁木・森部2006：221）。そして「クラブの時間」は「クラブ活動」と名称が変更されるとともに、「公民としての資質（団体意識、社会意識）の育成」、「社会をつくる能力（秩序の維持、責任の追及、権利の主張）」が目標として示され、公民教育の側面が強調されることとなった。

この背景には、少年犯罪の増加がある。１９４６（昭和21）年から少年刑法犯の検挙人員が増加し、１９５１（昭和26）年は、少年非行の第１次ピーク、１９６４（昭和38）年には少年非行が第２のピークを迎えている（図２―２）。１９５１（昭和26）年の教育課程審議会「道徳教育振興に関する答申」（昭和26年１月４日）では、特別教育活動が道徳的理解と実践にとってよい機会であるとの提言がなされた。これを受け、文部省は同年２月に「道徳教育振興方策案」を示し、特別教育活動を活用した道徳的態度の育成を求めている。[18]

課外活動としての運動部では、１９５２（昭和27）に戦後初となるオリンピック（ヘルシンキ大会）参加を果たして以降１９６４（昭和39）年に東京オリンピックが開催されるまで、国全体のスポーツ振興の動きに応じ、競技力向上の側面が強く表れることとなった（中澤2014：116）。文部省は、対外試合の規定を緩和した（文部省「学徒の対外試合について」〔１９５４（昭和29）年〕、「学徒の対外運動競技について」〔１９５７（昭和32）年〕）。この規制緩和により、日本体育協会やそれに加盟している各種競技団体などが、大会主催者としてかかわることが可能になった（神谷2015：36-38）。運動部活動に対する競技力向上が期待されていることがわかる。

その一方で、「中学校・高校における運動部の指導について（通達）」〔１９５７（昭和32）年〕においては、「運動部の運営が、生徒の自主的活動に放任されることなく、学校教育の一部としてじゅうぶんな指導の行われる」よう求めている。

このように運動部を中心に、生徒指導および競技力向上の両面から過熱化＝教員の指導的役割の肥大化が進行したといえる。

③部活動の評価への導入と必修クラブの制度化により部活動の必須化が進んだ１９６０年代後半～70年代

【制度上の位置づけ…課外活動／必修クラブ】

この時期は学校教育や入試においてスポーツ活動が評価されるようになったこともあり、生徒とって部活動が必須化してきたことが特徴である。高校への進学率が80％から90％に向上しており、部活動の加入率も増加していったという（中澤 2014：117）。また学生紛争にはじまり、非行、暴走族や校内暴力が問題となる中で、生徒指導の側面からも部活動の重要性が増す反面、教員の超過勤務が問題視された時期でもある。

１９６９（昭和44）年の指導要領では「必修クラブ」が導入された。特別教育活動と学校行事を生徒活動（生徒会、クラブ活動、学級会）、学級指導、学校行事を内容とする「特別教育」に再構成し、50時間が割り当てられた。従来のクラブ活動が、一部の生徒や選手のための活動となっていたことから、「全員参加」の活動とし、正規の授業時間内に週一時間程度実施するものとした。すなわち、課外活動としての部活動とは区別される活動として明確に位置付けたのである。この改訂に併せて指導要録の様式も変更され、クラブ活動が評価の対象となった。

必修クラブ導入の目的の背景には、教員の勤務管理の問題があった。教員に時間外勤務や休日勤務を強いることになるクラブ活動・課外部活動の指導に対して手当や振り替えを保証できないことから、勤務時間内におこなうことができるよう教育課程に組み込み、必修化したという（飯田 1974：260-261）。しかし、管理職以外の全教員が授業担当としてなんらかのクラブ活動を行わなければならず、さらに部活動顧問も担うこととなり、教員の負担が増したことが指摘されている（仁木・森部 2006：227）[19)]。学校現場では、部活動とクラブを両立させることが難しく、一本化して部活動の一部をクラブ活動の時間に位置づける方法や、部活動と一体化して参加を義務付ける方法、部活動を廃止する方法などが採られた（仁木・森部 2006：230）。

なお、１９７１年には給特法が成立し給与の４％を上乗せする教職調整額を支給することとなったが、前述のように部活動指導は対象とされなかった。しかし、１９７２年には教員特殊業務手当として部活動手当が創設され、部活動の指導や引率が教員の職務として制度的に裏付けられることとなった。

小野ら（２０１８）の研究によれば、文部省により大学における推薦入試制度が公認となったのは１９６５（昭和40）～66（昭和41）年であるが、それ以前より、調査書や面接を用いた入試が実施され、競技者に対する優遇措置が取られていたという（小野ら 2018：603-604）。しかし、60年代から70年代にかけては、大学紛争や受験競争の過熱化に伴い、入試の優遇や紛争における暴力的なふるまいが大学運動部への印象悪化や批判を招き、優遇措置が縮小、撤廃されていく。その一方で、戦後に創設された体育系大学や体育学部が積極的に推薦入試を導入し、優秀な競技者の受け入れ体制が拡大したという。体育学部では実技試験を課すなど、競技力の評価が行われた。さらに、「優秀選手推薦入学選考」などの「特例的な入試」も行われるようになった（小野ら 2018：607）。

このように、必修クラブの導入に伴う指導要録の改訂、スポーツ推薦入試の制度化によりクラブ活動・部活動が評価の対象となったことで、さらに学校教育としての部活動という位置づけは強化され、教員の負担が増加したことが指摘できる。運動部における競技性の追求や受験競争の激化などを背景に、この時期部活動が低調であったとの指摘もある（仁木・森部 2006：230）が、生徒にとって学校生活における部活動が重さを増してきた時期でもあったといえる。

④スポーツ推薦の確立と特色ある学校づくりにより部活動が多様に展開・推進された1980年代～90年代【制度上の位置づけ…課外活動／必修クラブの部活動代替措置】

この時期は、現場で部活動の義務づけが広がる一方で、政策としては学校のスリム化が叫ばれるとともに、生涯学習の理念の下で部活動の地域移行が模索された時期である。

必修クラブは、1989（平成元）年の指導要領改訂で、部活動参加をもって履修したものとみなす代替措置が認められている。これを受け、多くの学校で必修クラブの代わりに部活動加入を義務付ける対応がとられたという（中澤 2014：120）。

また高等教育の多様化および入試における多面的な評価の導入が求められ、関連団体の要請により大学運動部の活性化が模索される中で「特例的な入試」が、広くオープンな形で行われるようになった。[20] 1987（昭和62）年には臨時教育審議会[21]が青少年のスポーツ活動の振興を図るため、入学者選抜や就職活動でスポーツ・文化活動が積極的に評価されるように配慮することを提言（「教育改革に関する第三次答申」）した。これに対応する形で、1989（平成元）年には文部省が入学志願者の能力・適性等を合理的に総合して判定するさい、「スポーツ・文化等の各種分野における諸活動を適切に評価することが望ましい」として競技実績や文化活動の実績を入試の評価対象と位置づけた。

一方で70年代から運動部を中心に社会教育との連携を推進する動きがみられ、一部の自治体や学校ではそうした措置が採られてきた。[22] 80年代後半には、学校週五日制の実施が目指される中で、臨時教育審議会は文部省の関与や事務を縮減し、自治体や学校に委ねるとともに、民間の力を利用することにより学校をスリム化し、よりサービスの受け手の多様なニーズに対応する方向性を示した。こうした提言を受け、文部省は「特色ある学校づくり」、「開かれた学校づくり」を学校現場に求め、地域住民との連携の下での教育活動を推進した。[23] 部活動は外部の資源を活用しつつ、学校の教育活動としては様々な生徒のニーズに応えようとしてきたのである。

4 部活動のこれから

このように発足当初より部活動の教育的効果への期待、部活動による国民に対する文化・スポーツの機会の提供と健康促進、文化活動・スポーツの担い手・競技者の育成という要請が、あくまでも学校の教育活動として固定化しつづけてきたといえる。[24] 学校教育は初等教育、前期中等教育が義務であることに加え、高校への進学率が１９７４（昭和49）年以降、90％を超えており、いわば自動的に文化・スポーツ活動のある環境に身を置くことができ、教員や仲間とのかかわりの中で参加が促進される面も大きい。

英米をはじめ各国で子どもがスポーツを享受する権利の保障に向けて公的資金による専門団体の組織化や専門的な指導者の配置などの制度的措置が進められているという（石井 2018）。しかし、日本においては学校教育の一環でありながらも付加的な位置づけであったために、学校や教員の裁量に依存し、条件整備が十分に行われてこなかったといってよい。これまでも、部活動運営に関して施設・設備や指導者の不足が問題となってきたが、今後、さらに少子化・人口減少が進む中で、部活動の種類や規模を維持することも困難となる学校が増えることも予想され、学校部活動に依存した文化・スポーツ振興は見直しが急務である。

近年話題になったのは、部活動の「ビジネス展開」（松瀬 2013：93）、すなわち企業が参入した形での部活動運営である。東京都杉並区立和田中学校では、一部の運動部で保護者会が民間企業と委託契約を結び、プロコーチの指導を受ける取り組みが行われている。[25)]生徒、プロコーチの双方が保険に加入し、事故やけがなどについて派遣企業が責任を負う。このように、学校の施設・設備を利用しながらも教員（顧問）が直接関与せず、企業が部活動をハンドリングする。顧問は調整役である。これは競技性を高めたい保護者のニーズに対応した形である。

今後は、和田中のような新しい取り組みなどにより、部活動の安全性や質を担保しつつ、教員が本務である授業等の教育活動に注力できるような取り組みが必要となる。行政は「質の高い部活動指導員の任用・配置」を進めるとともに、教育委員会および校長が部活動の時間や活動内容、大会参加などを適切にマネジメントしていくこと、さらに「学校の部活動に代わり得る質の高い活動の機会を確保できる十分な体制を整える取組」を進め、将来的には文化・スポーツ活動機会の提供を学校以外が担うことが目指されていかなければならない（中教審「学校における働き方改革（答申）」平成31年1月25日）。[26]

【注釈】

1）学習指導要領は、単なる指導助言文書ではなく学校教育法、同施行規則に根拠を有し、法的基準性のあるものである（最大判昭和51年5月21日）。学校はこの基準に基づいて教育活動を行わなければならないとされている。

2）教育課程は行政上、「学校教育の目的や目標を達成するために、教育の内容を生徒の心身の発達に応じ、授業時数との関連において総合的に組織した各学校の教育計画」（文部科学省「平成29年告示中学校学習指導要領解説」）と定義づけられているが、学術的にはより広い捉え方もなされる。

3）本調査では、文化部活動の指導や活動状況についても質問しており、文化部活動の活動の実態を知ることもできる。また２０１８年には、文化庁においても「文化部活動の実態把握に関する調査」が行われ、文化部活動のより詳細な活動状況がわかる。

4）これは「全員が顧問に当たることを原則とし、一つの部に複数名の顧問を配置することとしている」「部ごとの顧問の人数は部員数等に応じて配置している」「全員が複数の顧問にあたることを原則としている」という回答の数字を合わせたものである。

5）勤務時間とは「職員が上司の指揮監督を受けて、原則としてその職務のみに従事しなければならない時間」であり、正規の勤務時間と、超過勤務命令などにより勤務時間とされるものに分けられるとされている（学校における働き方改革特別部会資料「公立学校の教育公務員の勤務時間等について」平成29年11月6日）

6）この法律は、公立の教員の職務と勤務態様の特殊性に基づき、給与その他の勤務条件について特例を規定するものである。勤務時間の内外を切り分けることが適当ではないことから、勤務時間の内外を問わず包括的に評価した処遇として、時間外勤務手当および休日給の代わりに教職調整額（給料月額の４％、期末・勤勉手当、退職手当、年金等にも反

7）映。）を本給として支給しようとするものである。
①登下校の時間の対応、②放課後から夜間などにおける児童生徒の見回り、補導時の対応、③調査・統計への回答、④学校徴収金の徴収・管理、⑤地域のボランティアとの連絡調整、⑥成績処理に関連する業務・教材準備に関連する業務、⑦課題のある家庭・児童生徒への対応、⑧給食時の対応、⑨児童生徒の休み時間における対応、⑩校内清掃、⑪部活動

8）神奈川県教育委員会「部活動指導ハンドブック」（平成23年1月改訂〔平成21年策定〕）、長野県地域スポーツ人材活用促進委員会長野県教育委員会事務局スポーツ課「運動部活動指導の手引き」平成22年3月

9）静岡市ホームページ「静岡市型部活動プロジェクト」http://www.city.shizuoka.jp/314_000068.html（参照日：2019年1月5日）

10）実費支給による対象費用の範囲は、①クラブ活動に関連する道具類などの購入費、②部費、③交通費、④大会参加費（交通費や宿泊費含む）、⑤合宿費（同）などで、合宿や大会の参加によって交通費や宿泊費が必要になる場合は、年間上限額に1・3倍を乗じた額の特別基準の設定を認める。（2018年9月7日付『教育新聞』「生活保護の部活費が実費に　10月から支給方法変更」）

11）運動部活動においては対外試合の過熱化が問題とされつづけており、対外試合基準が設けられ、主催が「教育関係団体」に限られていたが、1954（昭和29）年よりその団体として、日本体育協会やそれに加盟している競技団体、学校体育スポーツ団体などが認められたという。オリンピックを機にこれらの団体の影響力が増し、部活動における競技志向が強まったことが指摘されている。（神谷 2015：37-39）

12）高等学校における私立学校の割合は2008（平成20）年には約25%、2018（平成30）年には約27%である。

13）2018（平成30）年「学校基本調査」の「生徒数別課程数」によれば、私立高校全日制課程（1319）中、1001人以上の生徒数のある課程が373（約28%）にのぼる。公立は（3396）中271（約8%）である。

14）規定部門として演劇、合唱、吹奏楽、器楽・管弦楽、日本音楽、吟詠剣詩舞、郷土芸能、マーチングバンド・バトン

トワリング、美術・工芸、書道、写真、放送、囲碁、将棋、弁論、小倉百人一首かるた、新聞、文芸、自然科学がある。

15）舞台発表の部…合唱・吹奏楽・郷土芸能・演劇・ハンドベル・クラリネットアンサンブル・チアリーディング・ラジオ番組・テレビ番組、展示発表の部…美術・工芸・書写（書道）・技術・家庭・新聞・写真

16）２０１７年の運動部活動実態調査では、中学校、高校共に最も多いのは「顧問教員の負担軽減」で８割近くの学校が挙げている。次いで「顧問の不足」が半数以上となっている。特に私立学校では「活動場所の不足」を挙げている学校が中高共に４割を超える。

17）校友会の設立については、基本的には規則・会則を伴った、生徒と教員を含む全学的な組織の成立をもって始まりとされるが、実際には生徒の自主的な任意団体の成立や学校側が中心となって活動を組織する場合もあり、明確な時期は特定されていない。また初期には、目的や形態、構成員や活動内容、自治の度合いは多様であったことが指摘されている（安東 2009：31）。

18）その後１９５８（昭和33）年の指導要領の改訂では「道徳の時間」が創設されたことで、「特別教育活動」の時間が削減された。クラブ活動は、実質的に課外活動としての部活動に吸収されたことが指摘されている（仁木・森部 2006：224）。

19）このほか、教員の異動に伴うクラブの存廃問題や種類が限られ生徒の希望に添えない問題、週１回で充実した活動、評価が難しい問題など、様々な課題があった。しかし１９７７（昭和52）年の指導要領においても、毎週の適切な実施を求める記載にとどまった。

20）早稲田大学が１９８２（昭和57）年に先駆けて取り組んだ「スポーツに優れた技能を有する者」を対象にした体育学専修特別選抜入試が、スポーツ推薦入試拡大の画期となったという（小野ら 2017：610）。

21）１９８４（昭和59）年、中曽根内閣の私的諮問機関として置かれた組織で、教育の自由化を推進する改革案を示し、３年間のうちに４次にわたる提言を行っている。

22）例えば熊本県では、運動部活動について県全域で社会体育化する政策が進められた（中澤 2014：119）

23）「総合的な学習の時間」が導入された1998（平成10）年の指導要領改訂においては、クラブ活動は廃止され、部活動にかかわる記述もなくなっている。
24）その要因については中澤（2014）の研究を参照
25）1回の活動につき、指導料として一人500円を支払うが、家庭への負担を考慮し、委託は月2回までに限定されている。子どもを参加させるかは親の判断。
26）正式名称は「新しい時代の教育に向けた持続可能な学校指導・運営体制の構築のための学校における働き方改革に関する総合的な方策について（答申）」である。

【文献】

安東由則「明治期における中学校校友会の創設と発展の概観」『武庫川女子大学教育研究所　研究レポート』第39号、2009年、31―57頁
飯田芳郎『児童・生徒の活動―教育課程化の理論と構想』高陵社書店、1974年
石井拓児「学校事故・部活動問題の教育法的・制度論的検討」吉川慎之介記念基金編『子ども安全研究』第3号、2018年、8―13頁
岩橋健定「学校事故と法Ⅱ」坂田仰編『学校と法』放送大学教育振興会、2012年、93―106頁
小野雄大・友添秀則・根本想「わが国における大学スポーツ推薦入学試験制度の形成過程に関する研究」日本体育学会『体育学研究』第62巻第2号、2017年、599―620頁
神谷拓『運動部活動の教育学入門―歴史とのダイアローグ』大修館書店、2015年
関朋昭「スポーツの社会的課題を解決するソーシャルビジネス―部活イノベーションの可能性―」『経営哲学』第10巻第2号、2013年、68―81頁
中澤篤史『運動部活動の戦後と現在―なぜスポーツは学校教育に結び付けられるのか』青弓社、2014年

仁木幸男「新制中学校における主として運動部活動の創成」『早稲田大学大学院教育学研究科紀要』別冊15号―2、2008年、71―81頁
仁木幸男・森部英生「戦後の中学校部活動史」『群馬大学教育学部紀要　人文・社会科学編』第55巻、2006年、215―241頁
松瀬学「地域ぐるみのサポート体制構築へ―運動部活動のビジネス展開が意味するもの―」『現代スポーツ評論』第28号、2013年、93―100頁

ポイント

1 部活動は教育課程外の活動であり、教員による指導や顧問は義務ではないが、学校教育の一環であるため教育目標や教育計画に関連付けられるとともに、安全管理を含め運営の責任は学校および学校の設置者にあることとなっている。

2 部活動は、本来的には義務的活動でないため、行政による支援が十分に行われてこなかったが、近年は手引きやガイドラインの策定、外部指導員の積極的な活用など条件整備を充実させる施策が実施されてきている。

3 部活動は、生徒指導や体力向上、文化・スポーツの振興と担い手・競技者の育成と同時に、すべての子どもたちに対する文化・スポーツ活動の機会を保障するために、学校教育に位置づけられ、生徒や教員の「全員参加」が求められてきた歴史があるが、そうした運営は限界にきており、学校教育の一環としての部活動は新しい在り方が求められている。

3章

部活動をめぐる議論と実態

―これまでの経緯、研究の蓄積と科学的データ

1 近年の部活動に関する議論―そのはじまりと展開

(1) 盛り上がる部活動論議

いま、部活動をめぐる議論が熱い。多くの人々が部活動について意見を表明し、主張を繰り広げ、そのあり方を問おうとしている。部活動の改革と望ましい部活動の実現に向けて、すでに動き出している人もいる。筆者を含め、このことを肌で感じている読者は少なくないだろう。この白熱はどこから来たのだろうか。

図3―1は、朝日新聞記事データベースを使い、2000（平成12）年以降、タイトルに「部活動」を含む新聞記事の数をまとめたものである。2013（平成25）年に大きなピークを迎え、2016（平成24）年頃から飛躍的に増加し、2018（平成30）年は最も記事の数が多い年になった。部活動に大きな社会的関心が向けられている証拠である。2013（平成25）年の目を見張るような記事の増加は、前年の12月に起きた

図 3–1　部活動をタイトルに含む新聞記事数の推移

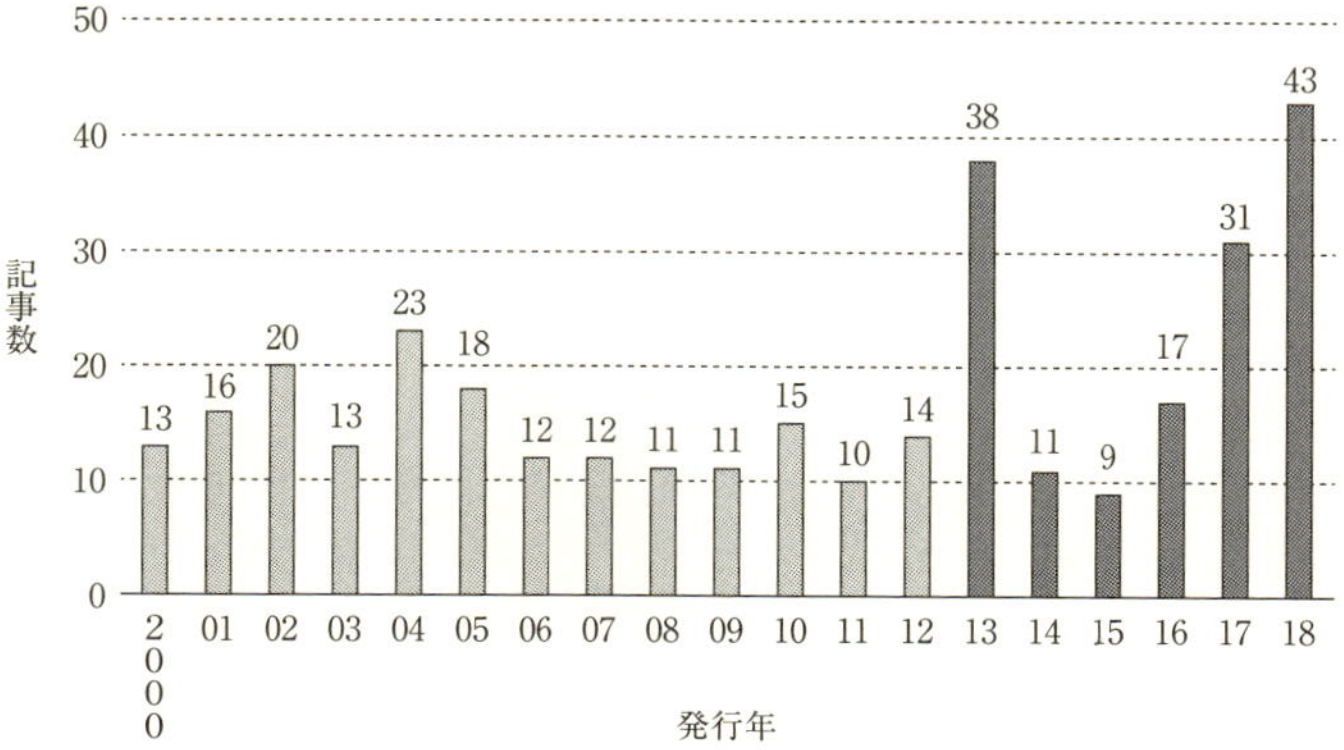

出所：朝日新聞記事データベースから筆者作成

大阪桜宮高校体罰事件によるところが大きい。バスケットボール部顧問の暴力を苦にして、キャプテンを務めていた生徒が自ら命を絶った事件だ。そして「部活動改革元年」（長沼 2017：119）といわれる2016（平成28）年以降の増加は、国の基本方針として「働き方改革」が掲げられたことを受け、教員の長時間労働をもたらしている部活動の抜本的改革が目指されたことによる。以降、部活動には子どもたちの健全な成長と教員の業務負担軽減の両面から、適性化が求められることになった。そして今まさに、政策・学術界・実践現場において部活動改革に向けた動きが勢いを増している。

これまでも世間の関心が部活動に向けられることはあった。むしろ部活動は、常に議論の的であり続けてきた。そのことを差し引いても、これほどまで世間の耳目を集めたことは、今までなかったのではないだろうか。この社会的関心の中心には「部活動がこのままであってはならない」、「部活動をどうにかしなければならない」という切迫さがあり、その問題意識を共有した人々の意見と取り組みが日々メディアによって報じられることで、議論の熱量は増している。まずは、議論の萌芽とその後の展開を2つの視点から整理し、実に多様な人々が部活動について議論していることを確認してみたい。

(2) 子どもにとっての部活動問題

一つ目の視点は、部活動が抱える「子どもにとっての問題」である。2012（平成24）年12月に発生し、部活動が改めて注目されるきっかけとなった桜宮高校の事件は、年が明けたばかりの世間に大きな衝撃を与えた。今までも、部活動の過熱化と指導者の暴力、死亡事故は度々報じられてきたし、部活動が負担になっている生徒がいることも指摘されてきた。それでも起こってしまった「部活動によって命を奪われる」という最悪かつ悲惨な出来事は、多くの人々にとって身近な部活（ブカツ）が、子どもたちの大きな苦しみになりかねないことを改めて、そして強く認識させたはずである。

報道があった２０１３（平成25）年1月、内閣の教育再生実行会議では早々に部活動の体罰問題について討議が行われた。そして1ヶ月後に発表された第一次提言で「体罰禁止の徹底と、子どもの意欲を引き出し、成長を促す部活動指導ガイドラインの作成」が示される。すぐに文部科学省は「運動部活動の在り方に関する調査研究」をスタートし、体罰を排した効果的・計画的な指導と指導力の向上を目指す「運動部活動での指導のガイドライン」を策定する。

実はこの時、政策とは別に関連団体も迅速に反応した。たとえば２０１３（平成25）年4月25日には、学校体育・スポーツに関連する5団体が共同で「スポーツ界における暴力行為根絶宣言」を表明している。[1] このような動きは、しばしば現場から遠いと思われている学術団体（学会）からも起こり、いくつかの緊急声明が公表された。[2] たとえば日本行動分析学会は、行動科学の知見をふんだんに盛り込んだ「『体罰』に反対する声明」を出し、体罰の指導効果を学術的に否定する姿勢を示した。このように、部活動や学校教育を直接の研究対象としているわけではない学会の動きは、問題の深刻さを物語っている。

その後、子どもたちにとっての部活動問題は解決に向かっていくよりも先に、問題の深刻さがつまびらかにされる道を辿る。たとえば部活動の指導者による生々しい体罰映像が、その場に居合わせた当事者によって撮影され、YouTube等の動画サイトに投稿・拡散された出来事は記憶に新しい。さらに、教育社会学者の内田が２０１５（平成28）年に著した『教育という病』では、学校に置ける柔道事故をはじめ、部活動における事故や熱中症等による負傷・死亡に関する衝撃的な実態がデータによって示された。そしてその背後に、肉体的・精神的な暴力や過酷な練習環境を強いる「過剰鍛錬」が存在することが鋭く指摘された。なお、子どもたちの苦しみは対教師に限ったことではない。当時、子ども同士の人間関係を苦に自殺する深刻な事件も報じられ、問題の根深さが露わにされている。[3)] こうして世間は、否応なしに部活動で苦しむ子どもたちの存在に目を向けざるを得なくなったのである。

この間、地方自治体でも子どもたちにとっての問題を改善する動きがみられるようになった。例えば長野県教育委員会は、2014(平成26)年2月に「長野県中学生期のスポーツ活動指針」を示し「中学校における朝練を原則中止する」という大胆な通知を出している。あえて学校ではなく教育委員会が、トップダウンで規制的な通知を出した背景には、活動時間過多によって過熱化し、生徒の学習と成長に弊害をもたらしていた部活動を抜本的に改革するねらいがあった。このように部活動を制限する動きは別の自治体でもみられたが、皮肉にも「もっとやりたい子どもたち」の活動時間をどう確保すればよいのか、という課題を同時に生じさせた。

問題の改善に向けて教員養成を担う大学も動き出した。2016(平成28)年、日本で最も有名な体育系大学の一つである日本体育大学は「学校・部活動における重大事故・事件から学ぶ研修会」を開催し、部活動で我が子を失った遺族が学生や指導者に実態を語る機会を作って注目を集めた。当日の様子を記した記事の一部を引用しておこう。

続いて、2009年に大分県立竹田高校の剣道部の主将だった長男を亡くした母親の工藤奈美さんが、壇上に上がった。胴着を身に着けて仁王立ちする勇ましい長男剣太さんの等身大のタペストリーと一緒だった。

剣太さんは激しい稽古中に熱中症で倒れた。しかしそれを演技だと決めつけた顧問は、倒れた剣太さんの身体に執拗な暴行を繰り返した。

一般に、部活を含む学校管理下で起きた事件や事故は、教諭たちや学校側の保身や隠蔽により、当時何が起きていたかという詳細は明らかになりにくい。しかし、剣太さんの場合は、一部始終を、同じ剣道部に所属していた1学年下の弟が目撃していた。

工藤さんは講演の最後に、剣太さんと当時付き合っていた女性の話をした。

剣太さんが亡くなった日の夜、剣太さんと花火大会に行く約束をしていた女性は、浴衣を着たまま何も知らずに待ち続けた。剣太さんが待ち合わせ場所に現れなかった理由を、彼女は後に知ることになる。この話には、学生たちも男女問わずすすり泣いていた。[4)]

子どもにとっての部活動問題は、部活動における指導（者）や子ども同士の関係性が子どもたちにとっての苦しみになることを訴え続けている。さらに、彼らの命さえ奪いかねない重大な事実が多方面から露わにされ、単なる関心や同情をはるかに越えた深刻な問題意識を形作りつつある。そして、部活動の過熱化と指導の在り方を抜本的に改革していく必要性を強く喚起している。

(3) 教員にとっての部活動問題

部活動に関する議論を整理するためのもう一つの視点は、部活動を担う「教員にとっての問題」である。折しも部活動における体罰問題に揺れた２０１３（平成25）年は、ＯＥＣＤが実施した「国際教員指導環境調査」(Teaching and Learning International Survey：以下、TALIS2013)に日本が初めて参加した年だった。翌年6月にその調査結果が公表されると、大々的に報じられたのは、日本の教員がかかえる長時間過密労働の実態であった。具体的には、参加国の平均労働時間(1週間)が38・3時間だったのに対し、日本の教員はそれを大幅に上回る53・9時間も働いていた。さらに、労働時間の内訳で他国との最も顕著な違いがみられたのは、参加国平均2・1時間に対して7・7時間という結果が示された「課外活動の指導」、つまり部活動による時間的負担だった。以前から国内でも、文部科学省が行う「教員勤務実態調査」(以下、勤務実態調査)によって、教員の労働時間と部活動による残業の実態が示されていたが、客観的な数値と国際比較によって改めて示された結果は、教育問題にとどまらない社会的な労働問題として、教員の働き方を改善しようとする気運を高めることになった。

ちょうどこの頃から、学校内で慣例化していた教員に対する顧問就任の強制や部活動指導による肉体的・精神的負担、勤務手当の少なさに対する現職教員の「生の声」が注目を集め始める。それは、彼らがインターネットのブログやSNSを通じて、部活動問題の現実を自らの言葉で発信し、改革を実現しようとするアクションの始まりでもあった。2015年にはTwitterを活用した「部活問題対策プロジェクト」が発足し、ネット署名活動をはじめとした取り組みがスタートした。その後、現職教員によるムーブメントの一部は、国会でも取り上げられるほど影響力を持つに至る。[5)]

時を同じくして、文部科学省に「次世代の学校指導体制にふさわしい教職員の在り方と業務改善のためのタスクフォース」が設置され、2016(平成28)年6月には「学校現場における業務の適正化に向けて(通知)」(平成28年6月17日)が出される。通知では、重点的に講ずる改善方策の一つに「教員の部活動における負担を大胆に軽減する」ことが明記され、休養日の設定と部活動運営の大胆な見直し、さらに科学的調査研究に基づく「総合的なガイドライン」の策定が打ち出された。特に長時間労働に関わる問題の改善は、この後に国が進めていく「働き方改革」とあいまって、大きな動きに発展していく。

２０１７（平成29）年に入り、国の働き方改革実現会議から「働き方改革実行計画」（平成29年3月28日）が公表されると、その工程表（ロードマップ）の中に部活動の適正化による長時間労働の是正が位置づけられ、部活動改革の動きが本格化していく。まず、顧問教員に代わって外部指導者の大会引率が可能になる「部活動指導員制度」が施行され、負担軽減策が徐々に具体化された。さらにスポーツ庁の「運動部活動の在り方に関する総合的なガイドライン作成検討会議」や中央教育審議会（以下、中教審）の「学校における働き方改革検討部会」における審議が開始されると同時に、前年に行われた運動部活動に関する実態調査や勤務実態調査の結果公表によって、議論を後押しする客観的データも揃えられていく。年末には中教審の「学校における働き方改革（中間まとめ）」（平成29年12月22日）[6]により部活動は「学校の業務だが、必ずしも教師が担う必要のない業務」であることが明示され、徐々に実行性を伴っていった。

そして２０１８（平成30）年3月に策定された「運動部活動の在り方に関する総合的なガイドライン」（平成30年3月19日）（以下、「運動部の在り方ガイドライン」）では、適切な休養日と活動時間を設定すること、生徒のニーズを踏まえた環境の整備、学校単位で参加する大会等の見直しを含む5つの施策が提示された。総じて、生徒にとって望ましい運動部活動の実現を柱として、生徒と顧問の過度な負担にならないような在り方が求められている。このこともあって２０１７（平成29）年〜２０１８（平成30）年は、各自治体で部活動をどのように規制するかを報じる新聞記事が目立つ。その成果はさておき、生徒と教員双方にとっての部活動問題解決に向けた取り組みが進行しつつあることは確かだろう。この勢いは、同年7月、文化庁に設置された「文化部活動の在り方に関する総合的なガイドライン作成検討会議」にも引き継がれ、12月には「文化部活動の在り方に関する総合的なガイドライン」（2018年12月27日）（以下、「文化部の在り方ガイドライン」）が策定された。

教員にとっての部活動問題という側面から部活動に対する関心の高まりを見てみると、これまでも指摘されてきた過重労働問題の解決を目指し、主要因である部活動の改善に目が向けられてきたことがわかる。その具体な改善策は、拡大・過熱化してきた部活動をいかに規制するかに現れており、とりわけ部活動の「量」をどのようにコントロールするかに焦点化されている。

(4) 二つの問題の接点とは

ここまでの流れをみたときに興味深く感じるのは、教員にとっての部活動問題の解決が、生徒にとっての部活動問題の解決とオーバーラップしていることである。というのも、子どもにとっての部活動問題への着目とその後の展開は、新聞記事の大幅な増加がみられた2013（平成25）年当初からずっと、重大な結果を招きかねない部活動指導の「質」に目が向けられてきた。その点では、どちらかというと部活動の「時間」や「量」よりも―もちろんこのことも重大だが―部活動の「中身」に大きな問題意識があった。ところが、2016（平成28）年6月の「学校現場における業務の適正化に向けて（通知）」では「教員の部活動における負担を大胆に軽減する」と掲げられ、以下のことを基本的な考え方とすることが示されている。

□部活動は、生徒にとってスポーツや文化等に親しむとともに、学習意欲の向上や責任感、連帯感の涵養等に資する重要な活動として教育的側面での意義が高いが、適正・適切な休養を伴わない行き過ぎた活動は、教員、生徒ともに、様々な無理や弊害を生む。
□教員の勤務負担の軽減のみならず、生徒の多様な体験を充実させ、健全な成長を促す観点からも、休養日の設定の徹底をはじめ、部活動の大胆な見直しを行い、適正化を推進する。

これを読むと、「教員の働き方改革」の文脈からみた部活動負担の軽減、すなわち教員にとっての部活動問題と子どもにとっての部活動問題の解決とが「部活動の適正化」という言葉でつながっている。このことを「すりかえ」と批判し「部活動が教員の長時間労働の大きな要因であることが明らかなのだから、生徒にとっての『部活動の適正化』という要因を挟まずに、教員が置かれている『場』を改善すべきである」（赤川 2017：97）という見方もあるのだが、無理からぬ主張である。その後、「運動部の在り方ガイドライン」が策定されると、子どもたちにとって望ましいスポーツ環境の構築が柱にされるのだが、長期にわたって部活動問題を取材してきたジャーナリストの中小路（2018：138）は、以下のように述べている。

スポーツ庁の担当者は、ガイドライン作りに着手した時点から、「先生が大変だと訴えても、『民間企業の方が大変』という見方が多い」と、教職員の長時間労働だけの点からの改革を訴えても、世間になかなか受け入れられないと見ていた。

そこで、練習のやりすぎは子どもの発達発育にも悪影響を与えるというスポーツ医科学の根拠を出しながら、保護者への説得性を持たせ、ガイドラインに実効性を持たせようとしたのだ。

ここには、一筋縄ではいかない部活動改革の難しさと複雑さがよく表れている。特に、教員の負担軽減と子どもにとって望ましい部活動の実現を、世間に納得してもらうための方便として、あえて結びつけなければならない実情が読み取れる。部活動問題については多方面からのアプローチがみられるし、これからも白熱していくと思われるが、子どもにとっての部活動問題と教員にとっての部活動問題が、その議論を捉える主要な軸であることは間違いない。しかし、一方の問題を解決することが、必ずしも両方の問題を解決することにはならない点に留意する必要がある。むしろ、子どもと教員にとっての部活動問題を「過熱化」「負担」「ブラック」という言葉で安易にまとめてしまったり、あるいはその解決を「適正化」という言葉に集約させてしまうと、部活動の「時間」や「量」だけに目が向いてしまい、部活動の「質」にかかわる重大な問題を見落としてしまう。また、過熱化や過重労働といった部活動のマイナス面（－）をゼロにする「是正」の手立てと、部活動がもつプラス面（＋）を伸ばそうとする「価値実現」の手立てを混同しないことも大切だろう。部活動の量的規制はもちろん重要な課題だが、そのことによって部活動の質が高まるかどうかは別の問題でもある。逆に暴力を排した計画的な活動を進めていくことによって、即、教員の負担が軽減されるわけではない。このことを前提にして、次からは議論の中身を見ていきたい。

2 部活動をめぐる議論―横断的議論と着地点はあるか

部活動をめぐる議論を整理するため、まずは議論が展開されている主な領域を図3―2のように整理してみた。すなわち「A．政策・行政」「B．学術・研究」「C．現場・実践」である。それぞれのフィールドで主張されている内容は多様で、もちろん共通点もあれば相違点もある。そこで、ここからは最も基本的な「部活動の在り方」（部活動とは…である、部活動は…のようにあるべき）に焦点を絞って、それぞれのフィールドで議論されている内容を概観してみよう。

図 3-2　部活動に関する議論のフィールド

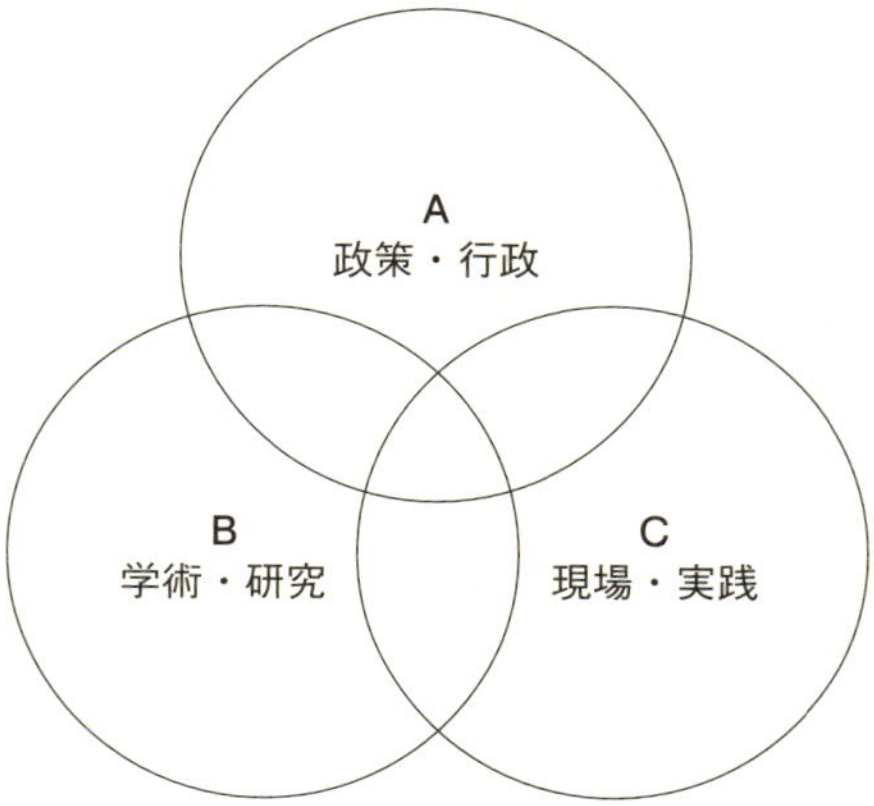

出所：筆者作成

(1) 政策・行政領域における議論の内容

政策・行政領域では2013年以降、桜宮高校の事件やTALIS2013の調査結果公表を機に、子どもにとって望ましい部活動の実現と教員にとっての長時間労働の是正を主要課題とした検討が進められてきた。その結果が取りまとめられた各種通知やガイドラインには「望ましい部活動の在り方」に関する国の方針が示されている。そこで議論の集大成の一つである「運動部の在り方ガイドライン」と、それをベースに策定された「文化部の在り方ガイドライン」に共通する特徴をあげてみたい。第一に、都道府県、市区町村教育委員会、各学校に対して、部活動の在り方に関する指針を策定し、計画的・合理的な活動を行うことが求められている。第二に、1日の活動時間を平日2時間程度、休日3時間程度とし、週当たり2日以上の休養日を設けるよう運用の在り方が具体的に示されている。第三に、中学校体育連盟・中学校文化連盟や学校長に対し、学校単位で参加する大会の上限を設ける等の見直しを要求している。その他にも、学校と地域の連携や指導者による合理的な指導が示されている。さらに学校単位の活動から地域単位の活動への移行にも触れられている。

実はこれらのガイドラインには、これまでも国から示されてきた内容が多く含まれている。今から20年以上前に文部省（当時）が公表した「運動部活動の在り方に関する調査研究報告」（平成9年12月）では既に、中学校で週2日の休養日を目安にすることや、勝利至上主義的な弊害への対応、地域社会との連携が提言されていた。それは、1999年に発行された150頁にわたる冊子『みんなでつくる運動部活動』に体系的にまとめられ、「生徒の個性の尊重と柔軟な運営、生徒の生活のバランスの確保、開かれた運動部活動」という部活動の在り方も示されている。この資料の内容は、2012年の桜宮高校体罰事件の後に作成された「運動部活動での指導のガイドライン」（平成25年5月27日）に踏襲され、運動部および文化部の在り方ガイドラインに引き継がれている。

その意味で国が示す「部活動の望ましい在り方」はあまり変化していない。もちろん、だからといって問題がないわけではない。が、総合的なガイドラインの大きな特徴は内容の目新しさというよりも、ガイドラインの徹底を半ばトップダウンで推し進め、改革を断行しようとする実行性の高さと意志の強さにある。それは部活動の抱える問題が、改革の断行を求めるほど深刻化していることを暗に示している。

また、国が部活動の在り方を示すにあたり、その基礎となる実態調査を進んで行うようになったことも目を引く。先に述べた１９９７（平成９）年の調査報告の後、２００１（平成13）年に「運動部活動の実態に関する調査」を行って以降、しばらく国は本格的な実態調査を行ってこなかった。しかし、２０１８（平成30）年には「平成29年度運動部活動等に関する実態調査報告書」（平成30年3月）が発行され、顧問制度の実態をはじめとする各学校における部活動の運用実態が詳細に調べられている。また２０１５（平成27）年頃からは、毎年行う「全国体力・運動能力、運動習慣等調査」のアンケートで、生徒の部活動所属状況や活動時間の詳細を尋ねたり、学校に対して複数の種目ができる部活動があるか否かを尋ねたりと、部活動と生徒の関わりについてのデータを経年的に収集している。これらは、教員の働き方に関するデータと共に議論の土台になっている。

ただし政策・行政の領域では子どもにとっての問題もさることながら、どちらかというと数値化・可視化しやすい教員にとっての問題、とりわけ労働問題が、部活動に関する議論を推進しているように見える。２０１６（平成28）年に文部科学省が実施した勤務実態調査では、過労死の認定基準（過労死ライン）を超える週60時間以上の勤務、月80時間以上の時間外労働をしている中学校教諭が約6割を占めた。時間外労働を生じさせる部活動の問題は、教員の労働環境という、さらに広い文脈の上に位置づけられる深刻な問題として、部活動の「是正」に向けた議論を推し進めている。

(2) 学術・研究領域における議論の内容

部活動は、古くから学術的な研究の対象とされてきた。今でも、多くの研究者が部活動に関する研究を行っている。余談だが、教員養成系大学のゼミで卒業論文のテーマを決める際、部活動のことを研究したいと申し出る学生が毎年必ずいるらしい。部活動は研究上も大きな関心を集めてきたわけだが、とりわけ近年は体系的で精緻な研究成果が発表されており、学術・研究のフィールドから科学的根拠に基づいた「望ましい部活動の在り方」が主張されている。それらは「部活動はどうあるべきか」を論じる大前提となる「そもそも、部活動とは何か」という根本的な問題にも踏み込んでいる点で、他領域の議論とやや異なる。まずは、代表的な研究成果を要約しながら概観してみたい。

①「楽しむための練習」

「なぜスポーツは学校教育に結びつけられるのか」という根本的な問いを立てた中澤（2014）は、「自主性」というキーワードによって部活動のこれまで（過去）といま（現在）を丁寧に検証している。戦後、民主主義教育が目指される中、その理念をあらわす「自主性」を育むことが部活動には期待された。そして制度的にあいまいな部活動の中で「自主性」が目指されるようになると、良くも悪くも多様な実践が生まれ、部活動は拡大・過熱化していった。中澤の説明からは、子どもと教師にとって「したいことができる」という「自主性」により、かえって部活動が価値と弊害を含み込みながら制御不能な状態に肥大化してしまったことが理解できる。これを踏まえて、中澤（2017）が提示した部活動のこれから（未来）が「楽しむための練習」である。生徒がスポーツを「したいと思う気持ち」を持っていたとしても、それが実際に「できる状態」に至るまでには必ず距離がある。両者がつながった時にこそ、はじめて生徒は部活動における「楽しみ」を手に入れられる。その意味で、楽しむことは決して容易いことではない。楽しむためには「したい気持ち」を「できる状態」につなげることが必要だし、生徒は自らの行動・決定・欲望をコントロールするための「楽しむ力」を身に付けなければならない。時には「したいこと」を諦める必要もあるだろう。できる状態を実現するため、何かを決定したり、仲間を集めたり、反省をする「練習」として、部活動には代えがたい価値があるとする。

表3-1　クラブの立ち上げから大会参加までに必要とされた「自治内容」

①〈練習・試合〉……みんなで上手くなり、みんなが合理的にプレイできる	
・ルール・戦術会議（学習）	・目標・方針・練習計画の決定
・対戦チーム・メンバーの選定	・出場大会の選定
・プレイの撮影・分析	・選手・ポジションの決定
②〈組織・集団〉……みんなで参加して運営する	
・クラブ・チームの名称を決める	
・クラブ・チームに必要な人を集める（指導者などの専門的な人材を選ぶ）	
・役割分担（代表者・キャプテン、監督、大会申し込み係、審判係、用具係［買い出し、疑似雪玉・旗の制作］、渉外係［外部との交渉］、交通係、ルール・作戦検討係、日程調整係、ビデオ撮影係など）	
③〈場・環境〉……みんなで平等に場・環境を整備・管理・共有する	
・練習・試合・ミーティングの日程、時間、場所の決定・確保	
・経費の計上・管理・捻出	・用具の準備・管理・購入
・交通手段などの検討	
・場・環境のシェア・共有（一つの施設を複数で使う場合において、どのようにすればシェア・共有できるのか。施設の空いている時間帯を調べるなど）	

出所：神谷（2015）233頁

②「結社としての部活動と自治」

神谷（2015）は、戦前から戦後、そして現在に至る教育制度の変化を丹念に解き明かしながら、運動部活動にまつわる曖昧さや矛盾をあぶり出し、「運動部活動の教育内容」が明らかにされてこなかった問題を鋭く批判した。そして「結社としてのクラブ・部活動」で行われる「自治」を部活動の教育内容として主張する（表3―1）[7]。ここでいう結社とは「なんらかの共通の目的・関心をみたすために、一定の約束のもとに、基本的には平等な資格で、自発的に加入した成員によって運営される、生計を目的としない私的集団」（綾部〔監修〕2006）であり、表3―1の「組織・集団」にあたる。部活動では、この「組織・集団」をみんなで運営しながら、「練習・試合」のためにみんなで上手くなり、みんなが合理的にプレイできるようにすることが目指される。だが、そのためには組織・集団を取り巻く「場・環境」にも働きかけていかなければならない。各々に部活動の自治内容が含まれているが、とりわけ部活動が結社であることの意味や価値は、それが「場・環境」にまで働きかける集団であり、その働きかけ（自治）が生涯を通じて必要となる力を育むことになる。またこのような活動は、教育課程外の部活動だからこそ経験できるものである。神谷の部活動論は、現在の部活動が練習・試合だけに没頭していることの批判を含んでいる。そして、子どもたち自身が自治内容を管理するための規約（きまり）づくりを指導することが、教師の専門性とされる。

③「居場所の論理に基づく部活動の総量規制」

教育社会学の立場から、エビデンス（科学的根拠）に基づいて深刻な部活動問題を指摘し、部活動の在り方についても積極的な発言を行っている内田（2017）の提言は、さらに具体的だ。すなわち、過熱化と肥大化を続けてきた部活動が「生徒の苦しみ」と「教師の苦しみ」を生んできたことに対して、「『居場所』の論理に基づく『総量規制』」を提示する。つまり部活動の最も重要な機能を、スポーツ・文化活動に関わる最低限の機会保障と捉え、生徒が自由に「そこにいてもいい」ことを保障する居場所になるよう、大会やコンクールに基づく競争の論理自体を部活動から切り離すことを求める。その居場所の論理を実現するための条件として「練習に充てる時間数や日数の削減」と「全国大会への不参加ならびに参加大会の精選」による総量規制を行うことが内田の具体的提案である。

④「居場所としての部活動と格差の縮減」

2000（平成12）年前後から部活動に関する社会学的研究を行ってきた西島（2016）は、内田と同じく「居場所」という言葉を用いて、最も生徒の視点に近い部活動の在り方を提示している。西島（2016）によれば、中学生に「部活動で楽しみにしていることは何か」を尋ねたところ「友だちとのおしゃべり」を楽しみにしている生徒が3割もいた。そして「好きなことがうまくなる」ことよりも「仲のよい友だちができる」ことを期待していることも明らかにされた。つまり部活動は、友達と過ごしたり、友達をつくったりするために重要な役割を果たしていたのである。そこから「居場所としての部活動」の意義を導き出し、中学生にとっての〝学童保育〟になることや、趣味の共通性によって形成される〈趣味縁〉的コミュニティの形成をもたらすことに価値を見出している。さらに、社会・経済的背景によって生じてしまう文化的活動への参加格差に対し、部活動がその機会を提供することで、ひいては「文化の格差」を縮減する意義を持っていることを主張する。

もちろん、この他にも膨大な数の研究があるが、学術・研究領域における「部活動の在り方」に関する議論を整理すると、三つのポイントが見えてくる。

一つ目は「方法知を学ぶ場としての部活動」である。中澤（2017）の「楽しむための練習」と神谷（2015）の「結社としての部活動と自治」の視点に立つと、サッカー部の活動では、サッカーという種目の「内容」以上に、サッカーを楽しむための「方法」に価値がある。つまり、特定の種目を行うことと同等か、もしくはそれ以上に、その種目を行うために必要な「手続き」や「手立て」が部の活動として重視される。

二つ目は「戦後部活動への原点回帰」である。内田（2017）が述べる部活動の在り方は、戦後すぐの時代に部活動から競争の論理を排除しようとしていた事実を踏まえて「あのときの部活動を取り戻す」（210）ように提示されている。実際、戦後しばらくの間は、対外試合の基準を厳格に定めて勝利至上主義や商業主義を抑制しようとしていた時期があった（友添2016：4）。一点目にも関連するが、神谷（2015）が論じた部活動の在り方も、戦後教育改革の中で一時期目指されていた「レクリエーションの方法を学ばせる」（273）ための部活動に意義を見出し、それを継承・発展させる形で示されたものである。つまり、部活動における「楽しむことへの原点回帰」と表現できるかもしれない。

三つ目は「生徒の居場所としての部活動」である。この視点は、内田（2017）と西島（2016）に共通している。とりわけ西島は、実証的なデータに基づいてこのことを主張する。ただし、この視点は部活動の教育内容を自治的活動として定めようとする主張と対立することもある。具体的には、子どもたちの自治的活動と教員の指導によって居場所をつくること（神谷2013）とスポーツ・文化活動を介して仲間ができることにより部活動が〝いるだけで良い〟居場所になること（西島2013）は微妙に異なるからだ。

もちろん、これらの主張には共通点と差異点があるわけだが、いずれも部活動のマイナス面を是正することを視野に入れながらも、部活動の意味や価値を論じ、その実現を目指すための建設的な議論を形作っている。この点は、研究・実践領域における議論が、他の領域とは大きく異なる特徴と言えるかもしれない。

(3) 現場・実践領域における議論の内容

一方、現場・実践の領域に目を向けると、他の領域にはない現場特有の工夫や議論を垣間見ることができる。具体的な事例については4章で取り上げるが、重要な議論を巻き起こした実践の一つに杉並区立和田中学校が実施した「部活動イノベーション」（代田2013）がある。これは、休日の部活動指導をスポーツコーチ派遣企業に有料委託し「休日の練習を学校の教育活動と切り離し、運営の主体を各部の保護者会とする。その保護者会が企業と契約を結び、企業は技術指導だけでなく安全管理も行う」（代田2013：31）という取り組みである。この現場発の実践は、古くから議論になってきた部活動の地域移行や社会体育への「移行」を民間企業への外部化という形で、最も大胆に実行した取り組みである。そのため、将来的には部活動を学校から地域の活動に移すことが展望されている。もちろん賛否が巻き起こっているが、このような動きは他の自治体にも波及しており、論点を形成していることは確かだ。[8)]

また、最近の部活動をめぐって現場で最も白熱している動きは、現職教員がインターネットを通じて「声」をあげ始めたことだ。そのきっかけになったのは、部活動が教育課程外であるにもかかわらず、慣例化・強制化していた顧問就任への、現職教員による合理的で痛烈な批判だった。特に有名になった真由子氏（仮名）のブログ「公立中学校　部活動の顧問制度は絶対に違法だ‼[9)]」から巻き起こった、現職教員による問題提起は、近年の部活動に関する議論を語る上で欠かすことができない。真由子氏のブログは2013年に開設され、今もなおコメントが寄せられている。強制されている部活動の顧問を拒否するというシンプルな主張と行動が多くの賛否を呼ぶ中、2015(平成27)年12月には志を同じくする6名の現職教員が「部活問題対策プロジェクト」[10]というwebサイトを立ち上げた。

「部活問題対策プロジェクト」の主な活動は、「教師に部活の顧問をする・しないの選択権を下さい!」(2015(平成27)年12月~)、「生徒に部活に入部する・入部しないの選択権を!」(2016(平成28)年3月~)、「教師の卵に『部活の顧問できますか?』の質問はしないで!」(2017(平成29)年10月~)というネット署名活動および文部科学省等への提出、行政・政策に対する要請と提言などである。また、ホームページを見るとプロの漫画家によるイラストも散りばめられ、目を引く。さらに部活動の問題点が「教師」「生徒」だけでなく「保護者」「教師の家族」「外部指導者」それぞれについてまとめられており、各々の「苦しみ」と「部活動の負の側面」を訴えかける内容になっている。

その後も現場から部活動を改革しようとする動きは発展し、有志の現職教員がTwitter上の公式アカウントに「部活改革ネットワーク」[11]を開設した(2017(平成29)年4月30日)。部活改革ネットワークは、ツイートとリツイートによって、部活動の改善を望む多くの人々の情報交換・共有を促すプラットフォームとなっている。さらに時を同じくして、部活動問題だけでなく教員の働き方全般に疑問を感じる現職教員や生徒、家族などが自由にコラムを寄せ合う「教働コラムズ」[12]というサイトが立ち上がっている(2017(平成29)年4月)。ホームページには「教育政策について」「業務内容・勤務時間について」など、多様なジャンルが一覧になっているが、「部活に関するもの」というジャンルに含まれるコラムは実に70を超える。これは他のジャンルに比べて圧倒的に多い。ただし、必ずしも部活動の廃止や縮小を求めるコラムだけではなく、「部活のすべてが悪なのか?」という疑問を投げかける投稿もあり、自由な議論が行われている。部活動という事柄について、各々の立場から対等で合理的な議論ができる「場」が形成されているといってよいだろう。

これまでも部活動に関する現場の議論がなかったわけではないが、近年はＳＮＳを使って誰でもどこでも部活動について「声」をあげられるようになった。とりわけ現場の教員が時に過激な言葉を用いて発する「声」は、多くのメディアで取り上げられたこともあり世論にも影響を与えている。誤解を恐れず言うならば、その主張は決して新規的なわけではない。しかし、そうであるからこそ、これまでいかに問題に目が向けられてこなかったか、「声」を発することができなかったか思い知らされる。

図 3-3　部活動に関する議論の横断領域

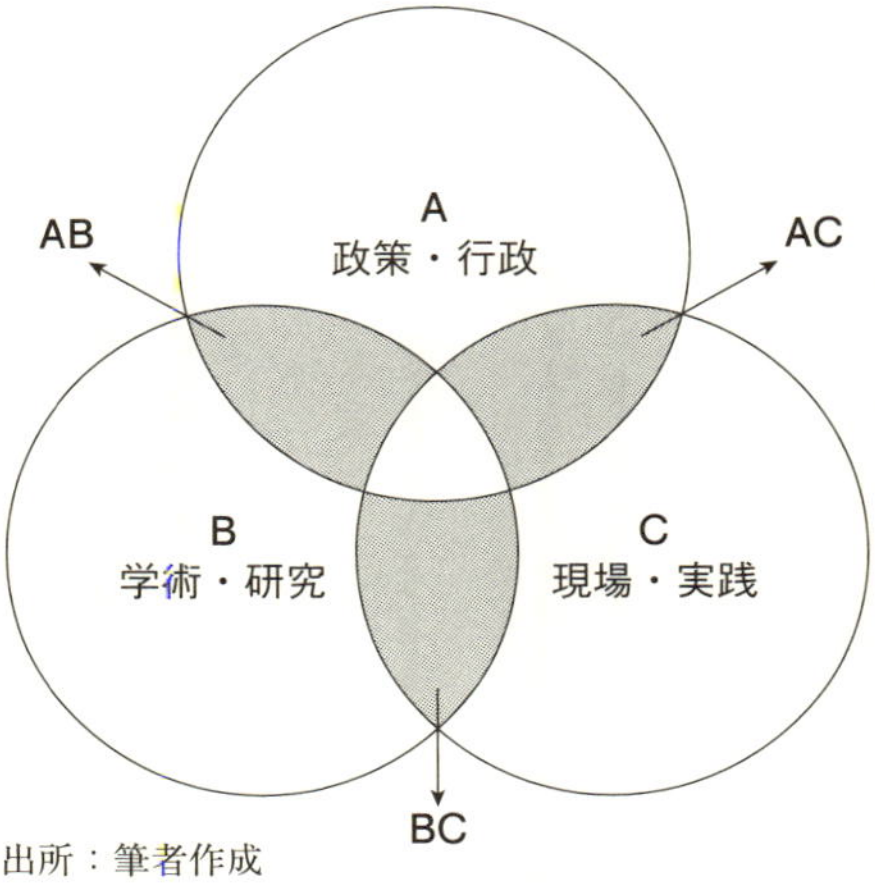

出所：筆者作成

(4) 領域を横断する議論とアクション

次に、近年の部活動に関する議論の特徴を各フィールドが重なり合う横断領域（ＡＢ、ＡＣ、ＢＣ）に注目して見てみよう（図３―３）。まず、これまでも研究者が有識者として政策立案にたずさわり、部活動のあり方やガイドライン策定に向けて意見・情報交換を行うことで、政策と学術を横断する領域は形成・維持されてきた（図３―３ ＡＢ領域）。これに対して、近年の議論を特徴づける大きな変化は、その他の領域で生じている。

たとえば、インターネットとＳＮＳ、そしてマスメディアを通じて広がる現職教員のムーブメントは、世論の形成だけでなく、政策・行政に対する組織的な提言という形で推進されている（図3―3 AC領域）。2017（平成29）年8月に中教審の「学校における働き方改革特別部会」が「学校における働き方改革に係る緊急提言」（平成29年8月29日）（以下、緊急提言）を発表した翌月、提言に対して意見をするため集まった現職教員7名が「中央教育審議会」のパロディの形で「現職審議会」という組織を立ち上げた。メンバーは、上述した部活問題対策プロジェクトや部活改革ネットワーク、教働コラムズの関係者で、各団体（ネットワーク）は後援として位置付けられている。彼らは現職審議会の設立と同時に「意に反して部活動の顧問が強制されます」というメッセージを含む5つの問題を掲げた。さらには、中教審の緊急提言に相対する形で作成した、独自の『緊急提言』（2017〔平成29〕年11月3日）を中教審の第7回会合が開かれる日、同じ建物で、記者会見という形で発表したのである。提言の中には、過熱した部活動を改革するために「部活動の強制について、文部科学省は各教育委員会を指導して下さい」「部活動縮小に舵を切って下さい」「小学校の部活動は地域クラブに移行してください」という要求が盛り込まれている。この出来事は多くのメディアに取り上げられたが、現職審議会は、その後も「学校における働き方改革特別部会」の中間まとめ案（2016〔平成28〕年11月28日第8回会合）に対し、部活動が「教員の本来業務ではない」ことの記載を求める提言を行っている。さらに、12月12日には2回目の記者会見を開き、部活動を学校の外部に移行することを提言している。現在の状況は、現場・実践の領域から政策・行政の領域に対する一方的な意見表明かもしれない。だが、現場と政策を横断する議論を形成する足がかりと捉えることもできるだろう。

さらに、学術・研究と現場・実践をつなぐ議論や試みの進展も、最近の大きな変化である（図3―3

ＢＣ領域）。たとえば、学校における働き方改革特別部会の委員を務める妹尾（2017）は、学校マネジメントコンサルタントという立場から、TALIS2013や勤務実態調査、その他の学術的なデータを現場にわかりやすく解説し、具体的な改善方策を提示することで、二つの領域をつなぐ役割を担おうとしている。他方でエビデンスを重視する内田（2017）は、研究者という立場から新たにデータを収集し、現実の問題状況を明らかにすることで現場の改革ムーブメントを後押ししている。また「結社としての部活動と自治」を提示した神谷（2016、2017）も、部活動の在り方を抽象的に示すだけではなく、それを実現するためのポイントや計画、評価の仕方を実践的に示し、さらに現場の教員と共に部活動実践を開発している（堀江・神谷2017）。神谷と協同的に剣道部の自治活動に関する実践を行った堀江（2017）も「神谷モデルの改良」という形で、部活動の在り方をブラッシュアップしており、双方向で横断的な議論が生まれていることがわかる。

3 部活動の実態・効果・意味―実証データから何が見えるか

(1) 部活動をめぐる論点―着地点の模索に向けて

ここまで見てきたように部活動に関する議論は、子どもと教員それぞれの部活動問題を柱として各領域内あるいは領域間で勢いを増している。問題解決に向けた実際の取り組みも賛否両論を伴って展開され、新たな議論が巻き起こっている。ここで一度議論を整理するために、主な論点を表３―２にまとめてみ

表3-2 部活動をめぐる主な論点

◆部活動の意義・役割 「部活動とは何か、どのような意義や役割、効果を有しているのか」
◆部活動における暴力、リスク、人間関係問題 「部活動における負傷・死亡事故／事件をいかに防ぐか」
◆学校外部化を中心とする部活動改革 「部活動指導員制度（外部指導員制度）の運用あるいは部活動の外部化は是か非か」
◆部活動の過熱化対策（活動時間・活動日の制限、対外試合の精選と規模の縮小） 「活動時間・活動日数・休養日の制限をいかに徹底するか」 「対外試合を精選して規模を縮小するか、それをいかに実行するか」
◆部活動制度の慣例化（全員顧問制、全員入部制） 「慣例化した全員顧問制、全員入部制をいかに改善するか」

出所：筆者作成

た。いずれも古くから議論されてきたものもあれば、近年になって熱を増しているものもある。現状は、これらのテーマについて議論の「着地点」を模索している状況にあり、そのために多様な人々が対等で合理的な議論をしようとする「場」がつくられつつある。

議論が盛り上がるのはよいことだが課題もある。SNSを使って発せられる現場からの「生の声」は、問題と主張が鋭く焦点化されていて強力だ。また、国内外の大規模調査の結果を視覚化した表やグラフは、学校と部活動の深刻な問題を分かりやすく示している。暴力問題や労働問題の深刻さを踏まえれば、断行が目指される部活動の規制は合理的な解決策である。その意味で、部活動問題の「発見と解決」について議論する土台は整ってきたといえるだろう。しかし、部活動に情熱を注ぐ教員や今の部活動に価値を見出している生徒が「おいてけぼり」になってしまわないだろうか。保護者はどうだろう。そして何より、私たちは部活動問題の解決あるいは是正の先に、どのような部活動の姿を創造していけばよいのだろうか。このことについての議論がなければ、本当の意味で「着地点」は見いだせない。もしかすると、部活動が空中分解してしまうかもしれない。

部活動とは何か、部活動とはどうあるべきかに関する根本的な議論が「学術・研究」の領域を中心に展開されていることを紹介したが、まだ議論の余地はある。ここからは部活動の実態と価値、魅力に関する実証研究の成果を中心に議論を深める材料を提示し、これからの部活動を考える足がかりにしていきたい。なお、部活動の効果や意義に関する実証研究は数多く蓄積されてきたが、対立する結果もあるため効果や機能については明らかになっていないという指摘もある（中澤2014、妹尾2017）。このことを念頭に、読者の部活動経験や知識にも照らし合わせながら、「部活動のあり方」を考えてみよう。

(2) 部活動の効果とは―学業・進学・ライフスキル

２０１６（平成28）年に文部科学省の「平成28年度全国学力・学習状況調査」の結果が公表された際、中学生の平均正答率が平日の部活動時間別に示され、1日当たり1〜2時間（平日）の適度な部活動を行っている生徒が、2時間以上の生徒や1時間未満または部活動に参加していない生徒に比べ、最も高い正答率を示したことが報じられた。文部科学省は因果関係について定かではないとしたが、少なくとも「部活動と勉強の両立」があり得ることについては、多くの人が実感しているのではないだろうか。

部活動と学力の関係には、これまでも多くの研究的関心が向けられてきた。そこで明らかにされた重要な知見は、部活動への参加は「直接的に学業成績を高めるわけではない」ということだ。つまり、部活動に参加したからといって、それだけでテストの点数が高くなるわけではない。とはいえ無関係というわけでもない。ではどういうことかと言うと、部活動への参加を通じて、学校の先生に親しみを感じたり、学校に通うことや授業が楽しくなったりすることで、間接的に学業成績が向上するという仕組みである。このことを実証した白松（1997）は、部活動が生徒の「学校適応」を高めることによって、学業成績を向上させるという関係を明らかにした。

このような関係は、部活動への参加と中学生の卒業後の進学希望（高校まで進学したいか、大学まで進学したいかなど）にもみられる。藤田（2002）によれば部活動への参加や取り組み方は、授業中に先生の話をちゃんと聞いているか（学業への適応）、学校の決まりをきちんと守っているか（規範への適応）、先生と話をするのは好きか（教師への適応）、学校は楽しいか（学校全般への適応）といった「向学校性」に影響を及ぼし、そのことが中学卒業後の長期的な展望に立った進学意欲を促していた。

ところで、学業成績を直接高めるわけではない部活動の中で、生徒は何を身に付けているのだろうか。このことに関心を向けた研究の中で注目されてきたのが「ライフスキル」である。これは、主に運動部活動が、子どもたちに対してどのような心理的・社会的効果を有しているのかを「日常生活で生じるさまざまな問題や要求に対して、建設的かつ効果的に対処するために必要な能力」（WHO 1997）に着目して検討したものである。具体的には、目標を持つ力やコミュニケーション（対人関係）能力、問題解決能力などがあげられる。たとえば上野（2014）は、高校生が運動部活動に参加することによって、目標設定に関わる「個人的スキル」とコミュニケーションに関わる「対人スキル」を獲得することを明らかにした。さらに興味深いのは、そのスキルの獲得によって、高校生が希望の進路を実現するために自ら進んで勉強したり、進学について人に尋ねたり、本で調べたりする成熟的な行動を促していたことである。

このように部活動で培ったライフスキルが、日常生活場面でも活かされるかどうかについては、最近になって、さらに緻密な検討が重ねられている。澁倉ほか（2018）による最新の研究では、運動部活動で身に付けた「忍耐力」「集中力」「思考力」「ストレスマネジメント」「協調性」「コミュニケーション」「挨拶礼儀」「感謝の気持ち」「自己効力感」が、日常生活にも確かに般化していることが明らかにされた。部活動では自ら目標をもって、試行錯誤しながら活動していく場面が多い。また、教室の授業に比べて生徒同士がコミュニケーションを交わす機会にも恵まれている。教育課程外であることが、より日常生活に近いことを意味していると解釈すれば、部活動で身に付けた力が、日常生活に活かされることには納得がいくだろう。

(3) 生徒の生活を支える部活動

部活動では同好の生徒がスポーツ・文化活動を日常的に行っているが、もし部活動がなかったら、生徒はどこでそれらの活動を行うのだろうか。スポーツ・文化活動は何も中学校だけで行われるものではないので、中学校の部活動に入る前（小学校時代）にも、あるいは学校外でも関われる可能性はある。しかし、そこにアクセスするためには大きな壁があることも事実だ。

西島（2001）の調査によると、家庭が経済的に豊かではなかったり、保護者のスポーツ・文化的活動経験が少ない家庭で育った子どもの多くが、学校教育が提供する活動でのみ、スポーツ・文化活動との関わりを築いていた。とりわけ、恵まれない家庭条件にある多くの生徒は、中学校に入るまでその活動を経験したことがなく、中学校の部活動は、彼らが生まれて初めて興味のあるスポーツ・文化活動に関わることのできる機会になっていたのである。実際、親の世帯収入が高いほど、子どもの芸術・スポーツ活動率も

図 3-4　生徒の部活動の楽しみ

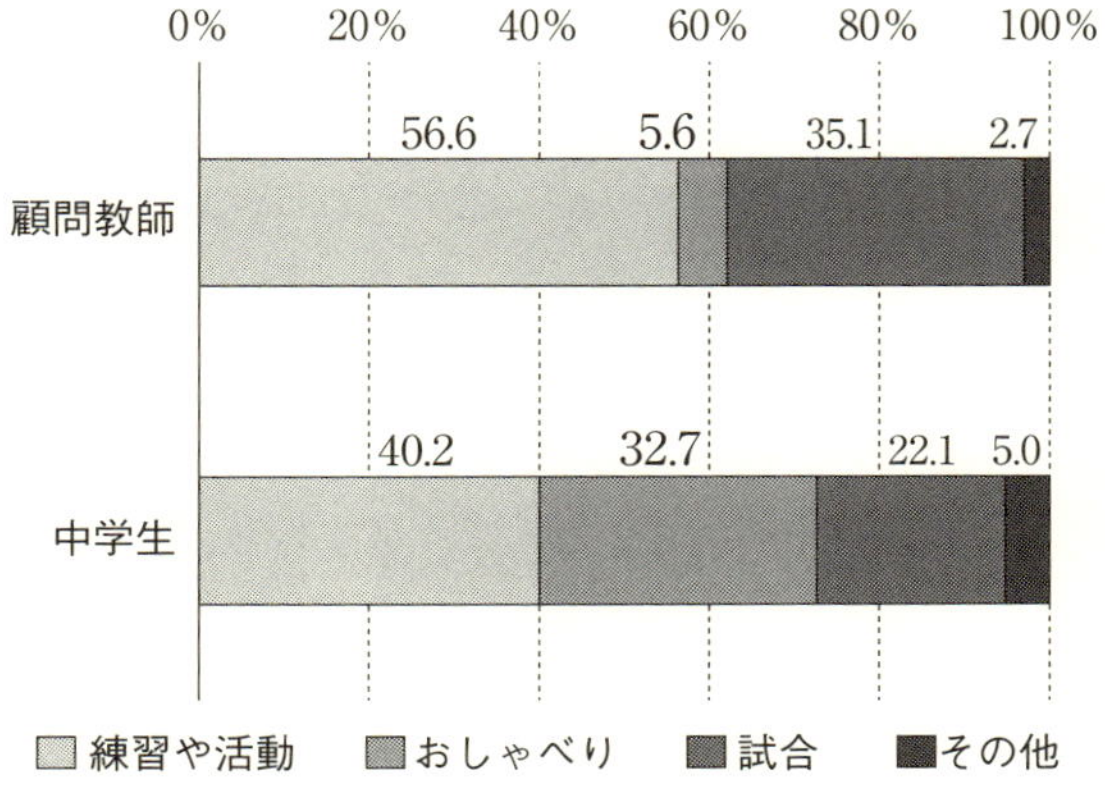

出所：西島（2008）をもとに筆者作成

高くなることは分かっているが、幼児期と小学校期に比べると中学校期の子どもは、世帯収入による活動率の差が小さくなる（ベネッセ教育開発研究センター 2009）。つまり、中学校の部活動は生徒とスポーツ・文化活動との「出会いの場」になっているのである。

ただし、当の生徒は部活動に何を求めているかと言うと、必ずしも部活動で行われるスポーツ・文化活動だけではない。西島（2008）の調査結果によると、生徒が部活動で楽しみにしているのは「練習や活動」が最も多いものの、部活動顧問が考えるよりはるかに多くの生徒が「おしゃべり」を部活動の楽しみにしていた（図3—4）。さらに、部活動に入っている生徒は「うまくなれること」「精神的に強くなること」よりも「友だちが得られる」ことを部活動の効用として期待している（西島2006）。自分の中学校に入りたい部が無い時には、「自分の学校の他の部」に入るか、「他の学校で入りたい部」に入るか生徒に訪ねた質問では、自校が46・6％、他校が33・4％で、部活動を「学校の活動の場」と捉えている生徒と「やりたい活動を行う場」と捉えている生徒の両方が存在することも分かっている。

部活動では「やりたいこと」だけでなく「友だち」がどれくらい重要視されているかわかるが、このことは国の実態調査にも明確に現れている。スポーツ庁が行った「平成30年度全国体力・運動能力、運動習慣等調査」の結果によると、文化部もしくは部活動に入っていない生徒にどのような条件であれば運動部に参加したいか尋ねたところ「好きな、興味のある運動やスポーツができる」（男子：44・4％、女子：59・8％）と同等に「友だちと楽しめる」（男子45・2％、女子：60・2％）が最も高い割合を占めていた。

こうして見ていくと部活動が学校生活と密接に関わっていることに気づく。実際、生徒の学校生活に対する満足度を左右する場面には、部活動や授業、休み時間などがある。それぞれの場面が学校満足度に影響しているが、特に部活動の充実は、学業成績が比較的低い生徒の学校満足度を支えていることも実証されている（藤田2001）。学校の現実を見た時、「勉強はできなくても、部活動があるから学校に行く」という生徒がいても不思議ではない。心当たりのある人々もいるのではないだろうか。

中学校に通う多くの生徒は、クラスと部活動を主な所属集団として生活している。つまり中学生にとって「クラス」と「部活」は学校における重要な集団になるわけだが、クラスでの満足度が低い生徒は、部活動への参加意欲を高める傾向にあり、そのことによって学校生活への満足度を高めていることもわかっている（角谷・無籐2001）。通常、生徒は部活を選ぶことができるが、クラスを選ぶことはできない。当然、クラスに馴染めない生徒や満足できない生徒がいても不思議ではない。林川（2015）も、同年齢集団であるクラスの疎外性がもたらす不適応を、部活動の異年齢関係がやわらげてくれることを実証し、特に、部活動によって築かれる先輩―後輩関係に注目すべきと指摘する。部活が選べることは、やはり大切なことなのかもしれない。

このように部活動は、子どもたちのスポーツ・文化活動への参加格差を縮減し、それらの活動と出会う場を提供しつつも、ただその活動を楽しむ場としてだけでなく、友人関係を築いたり、窮屈な学校空間に「おしゃべり」などの柔らかな結びつきをつくる上で価値がある。子どもたちにとっては、クラスと一味違う自由で楽しい集団の中で、新しい友だちや居場所をつくることができ、ひいては彼らの学校生活を支えてくれる魅力的な場なのである。

(4) 部活動の問題と課題

最後に、部活動の在り方に関わる課題と問題に関する実証データも見ておきたい。まず、本章の冒頭で述べた通り、スポーツ・文化活動を友だちと楽しむ場でも命が奪われることがあるという現実を思い出してほしい。部活動にポジティブな効果や生徒を支える機能があったとしても、それはあくまで部活動が有している可能性であって、活動の内容によっては負の効果や居場所を奪うことにもなりかねない。さきほど部内の先輩―後輩関係が生徒の学校適応を高めることを取り上げたが、これは良好な先輩―後輩関係が築けている場合に限定される（林川 2015）。当たり前だが、名簿の上で部活動に所属しているだけでは学校適応は高まらない。そればかりか、運動部に上手く適応できない生徒が学校生活になじめず、意欲を低下させてしまうことや、部活動での人間関係が築けない場合に孤立してしまうこと、力があり余って授業で騒いでしまうなど負の側面も指摘されている（岡田 2009）。

また、部活動には「退部」という選択肢がある。西島ほか（2002）は、部活動に入っている高校生と部活動に入っていない、もしくは退部してしまった高校生の放課後活動を調べたところ、部活動に入っていない生徒と退部した生徒は、共に学校外でアルバイトに従事している割合が3割を超え、同様かそれ以上に「どの活動にも従事していない生徒」の割合も高かった。特に退部者について調べてみると、彼らが学校に通う目的意識を低下させている傾向が指摘されている。退部によって、部活動が学校生活の一場面から消去されたあと、その存在を埋め合わせる他の学校生活場面が見出せずにいる、という問題である。部活動に参加しなくなったとして、すぐに何らかの活動で埋め合わせができるわけではない。つまり、学校に居場所がなくなることさえある。

また、内田らの最新の調査報告（2018）によれば、学校の教員は部活動に積極的な意味を見出し、主体的に関与しようとしている教員と、部活動に意義を見出すことなく、より多くのストレスを感じながら関与させられている教員に二分されることが示されている。このような分化は、教員の負担の偏在という形でも起こっており、平日に活動時間が長い顧問教師は休日も休みが取れない一方で、平日、休日ともに活動時間が短い顧問がいる（小入羽 2011）。教師の意識と働き方の分化は、学校組織のまとまりを崩す要因にもなりかねない。

各学校で行われている部活動は、「部活動」という言葉でまとめることを遠慮してしまうほど多様である。だからこそ、ここで示してきた効果や意義、価値は、部活動をどのように組織し、運営するかによって大きく異なることに留意しなくてはならない。

【注釈】

1）日本体育協会（現、日本スポーツ協会）、日本オリンピック委員会、日本障害者スポーツ協会、全国高等学校体育連盟および日本中学校体育連盟の5団体から出された。

2) たとえば日本体育学会「日本体育学会理事会緊急声明」(2013〔平成25〕年1月31日)、日本スポーツ法学会理事会声明「緊急アピール:スポーツから暴力・人権侵害行為を根絶するために」(2013〔平成25〕年2月14日)、日本行動分析学会「『体罰』に反対する声明」(2014〔平成26〕年4月17日)など。

3) この間、福島県会津地方では県立高校2年生の女子生徒が部活内での人間関係を苦に、学校のトイレで首を吊って自殺している(朝日新聞、2015〔平成27〕年9月27日朝刊)。

4)「卒業生を加害指導者にさせない!日体大が超本気で企画した『一生もの』の講義とは」、Yahoo! JAPAN ニュース https://news.yahoo.co.jp/byline/katoyoriko/20161215-00065403/(参照日:2018年12月22日)。

5) 2015年3月10日の衆議院予算委員会では、教員の部活動負担に関する質問の際に真由子氏のブログが資料として提示された(内田 2015、170頁)

6) 中央教育審議会「新しい時代の教育に向けた持続可能な学校指導・運営体制の構築のための学校における働き方改革に関する総合的な方策について(中間まとめ)」(平成29年12月22日)

7) 神谷(2015)は、大学のゼミ活動の中で雪合戦クラブを立ち上げて、大会に参加する実践研究にも取り組んでおり、**表3―1**にはその時の自治内容がまとめられている。

8) 大阪市でも2015年9月から「部活動の在り方研究モデル事業」として、市立中学校の部活動指導を民間に外部委託する取り組みが行われている。

9)「公立中学校　部活動の顧問制度は絶対に違法だ!!」http://bukatsu1234.blog.jp/(参照日:2019年1月16日)

10)「部活問題対策プロジェクト」http://bukatsumondai.g2.xrea.com/(参照日:2019年4月16日)

11)「部活改革ネットワーク」https://twitter.com/net_teachers_jp(参照日:2019年1月16日)

12)「教働コラムズ」https://www.kyodo-bukatsu.net/(参照日:2019年1月16日)

【文献】

赤田圭亮「「チーム学校論」が「チーム」を解体する—特別の教科『公共と私たち〜政治家と官僚の「生きる力」』の実践?-」『現代思想』vol. 45-7、青土社、２０１７年、92—１１３頁

綾部恒雄（監修）福田アジオ（編）『結社の世界史１　結衆・結社の日本史』山川出版、２００６年（「刊行にあたって」より引用）

ベネッセ教育開発研究センター「学校外教育活動に関する調査２００９」https://berd.benesse.jp/shotouchutou/research/detail1.php?id=3264（参照日：２０１９年1月16日）

藤田武志「家庭的背景に起因する進学希望の格差に及ぼす学校の教育的活動の効果—中学校の部活動に焦点をあてて」『教育経営研究』第8号、２００２年、39—48頁

藤田武志「中学校部活動の機能に関する社会学的考察：東京都23区の事例を通して」『学校教育研究』16巻、２００１年、１８６—１９９頁

林川友貴「中学生の学校適応メカニズムの実証的検討—学級と部活動に着目して」『教育社会学研究』97巻、２０１５年、５—24頁

堀江なつ子「運動部活動の実践」神谷拓編『対話でつくる教科外の体育』学事出版、２０１７年、１６３—１７４頁

堀江なつ子・神谷拓「運動部活動の自治　はじめの一歩」『教育』８５６号、２０１７年、34—42頁

角谷詩織・無藤隆「部活動継続者にとっての中学校部活動の意義—充実感・学校生活への満足度とのかかわりにおいて」『心理学研究』第72巻2号、２００1年、79—86頁

神谷拓『運動部活動の教育学入門—歴史とのダイアローグ』大修館書店、２０１５年

神谷拓「往信・学校で部活動を実施するために」『体育科教育』２０１3年3月号、大修館書店、10—13頁

神谷拓『生徒が自分たちで強くなる運動部活動—「体罰」「強制」に頼らない新しい部活づくり』明治図書、２０１６年

神谷拓『対話でつくる教科外の体育—学校の体育・スポーツ活動を学び直す』学事出版、２０１７年

小入羽秀敬「教員の業務負担と学校組織開発に関する分析―部活動に着目して」『国立教育政策研究所紀要』第140集、2011年、181―193頁
長沼豊『部活動の不思議を語り合おう』ひつじ書房、2017年
中小路徹『脱ブラック部活』洋泉社、2018年
中澤篤史『運動部活動の戦後と現在―なぜスポーツは学校教育に結び付けられるのか』青弓社、2014年
中澤篤史『そろそろ、部活動のこれからを話しませんか―未来のための部活講義』大月書店、2017年
西島央「子どもを育む運動部活動の意義と社会的役割―教育社会学の観点から」友添秀則編『運動部活動の理論と実践』大修館書店、2016年、16―33頁
西島央「返信・『べき』や『はず』の学校教育にとらわれない部活動をめざして」『体育科教育』2013年3月号、大修館書店、14―17頁
西島央「部活動の指導・運営に関するアンケート」『VIEW21〔中学版〕2008年春号―つながり、深める「部活」指導』ベネッセ教育総合研究、14頁
西島央編『部活動―その現状とこれからのあり方』学事出版、2006年
西島央・藤田武志・矢野博之・荒川英央「移行期における中学校部活動の実態と課題に関する教育社会学的考察―全国7都県調査の分析をもとに」『東京大学大学院教育学研究科紀要』第41巻、2001年、155―187頁
西島央・藤田武志・矢野博之・荒川英央・中澤篤史「部活動を通してみる高校生活に関する社会学的研究―3都県調査の分析をもとに」『東京大学大学院教育学研究科紀要』第42巻、2003年、99―129頁
岡田有司「部活動への参加が中学生の学校への心理社会的適応に与える影響―部活動のタイプ・積極性に注目して」『教育心理学研究』57巻4号、2009年、419―431頁
妹尾昌俊『「先生が忙しすぎる」をあきらめない』教育開発研究、2017年
渋倉崇行・西田保・佐々木万丈・北村勝朗・磯貝浩久「高校運動部活動における心理社会的スキルの日常生活への般化―

3時点での交差遅れ効果モデルによる検討」『体育学研究』63巻2号、2018年、563―581頁
白松賢「高等学校における部活動の効果に関する研究―学校の経営戦略の一視角」『日本教育経営学会紀要』第39号：1997年、74―88頁
代田昭久「休日の指導者を外部委託する〝部活イノベーション〟」『体育科教育』2013年3月号、大修館書店、30―33頁
友添秀則編『運動部活動の理論と実践』大修館書店、2016年
内田良『教育という病―子どもと先生を苦しめる「教育リスク」』光文新書、2015年
内田良『ブラック部活動―子どもと先生の苦しみに向き合う』東洋館出版、2017年
内田良・上地香杜・加藤一晃・野村駿・太田知彩『調査報告　学校の部活動と働き方改革―教師の意識と実態から考える』岩波書店、2018年
上野耕平「ライフスキルの獲得を導く運動部活動経験が高校生の進路成熟に及ぼす影響」『スポーツ教育学研究』34巻1号、2014年、13―22頁
WHO（川畑徹朗ほか監訳）『WHOライフスキル教育プログラム』大修館書店、1997年

ポイント

1 指導者による暴力や過剰鍛錬、事故などの「子どもにとっての部活動問題」と顧問の強制や過重労働などの「教員にとっての部活動問題」を柱にして部活動に対する社会的関心が高まっているが、部活動についての議論は双方の問題を整理しながら進めていくことが重要である。

2 ガイドラインの策定や教員の働き方改革に関する具体的方策を示す「政策・行政」、科学的根拠（エビデンス）と理論的な検討によって部活動とは何か、どうあるべきかを示す「学術・研究」、SNS等を通じて草の根的にネットワークを作り、現場の実態について声をあげる「現場・実践」の各領域あるいは領域間で議論が白熱している（主な論点は表3―1を参照）。

3 部活動に関する実証的な研究では、部活動は生徒の学校適応とライフスキルを高め、学校生活全般（学業・進学・居場所づくり）を支えると共に、子どもたちが平等にスポーツ・文化活動に触れる場を提供している。だが部活動の在り方や内容によっては、負の効果をもたらし、居場所を奪うことにもなりかねないので、部活動の意義や効果は運営の仕方によって大きく異なる。

4章

部活動改革を構想する

——実践事例

1 部活動改革を捉える視点

(1) 改革と改善の難しさ

前章では、部活動問題に対する議論の盛り上がりを見てきた。議論の進展を受けて、実際の部活動改革も、最近になって徐々に取り上げられるようになってきた。この「最近になって徐々に」という言葉には、言外の意味がある。前章でも触れたが、部活動の問題自体は古くから指摘されてきたものが多い。にもかかわらず部活動は長い間、大きく変化することなく、皮肉にも世代を超えた共通経験を提供してきた。厳しい見方をすれば、部活動は多くの問題が指摘されながら、改革や改善が遅々として進まなかった。むしろ問題が放置されてきた、と見られても仕方がない。

部活動の改革に対して無為無策だったわけではない。例えば国によって、休養日の設定や部活動のシーズン制、運動部活動の原風景といえる単一種目継続型を脱し、多種目型の総合運動部を創設する提案は1990（平成2）年代からみられ、[1] これまでも繰り返されてきた。「海外の国では、夏にグラウンドでアメリカンフットボールをやって、冬は体育館でバスケットボールをするらしい」「季節によってスポーツを変えるらしい」、そういった活動があり得ることを知っている人も多いのではないだろうか。しかし、部活動はほとんど変わらない。少し古いものだが、文部科学省が2004（平成16）年度に把握した総合運動部活動の実施状況をみると、中学で607校、高校で42校であった。[2] 当時の学校数からすると、中学校で6%、高校で1%ほどの割合である。シーズン制の部活動についてはデータさえ見当たらない。

部活動の改革は容易ではない。改革の遅滞はそのことを物語っている。だが「平成29年度運動部活動等に関する実態調査報告書」（平成30年3月）によれば「生徒のニーズに合わせた多様な部活動があるべき」という意識を持つ教師は、公立中学校で約3割、公立高校で約4割いる。その他の部活動改革が必要と考えている教員はさらに多いはずだ。それは学校教育に目を向けている多くの人々の共通認識だろう。

ここからは、本書が掲げる「ホワイト部活動」の実現に向けて、主に学校が主体となった部活動改革の整理と実践事例を検討していきたい。だが部活動を改革すると言っても、その目的も対象も方法も多様である。そこで、まずは試論的に部活動をとりまく「志向性」と「空間」に着目して、今までの改革そしてこれからの改革を整理する視点を提示してみたい。

(2) 志向性に着目した部活動改革

多くの部活動─とりわけ運動部活動は、当たり前の如く放課後に練習をし、休日には練習や試合を組み、学校外で開催される「公式戦」で良い成績を収めることを目指してきた。その活動が上手くなりたい、試合で活躍したいと思う子どもたちも沢山いることだろう。しかし、必ずしも学校外の行事（公式戦）に参加することを当然視せず、学校内だけで部活動を楽しむ選択肢もあってよいのではないか。このように、部活動の「こうあるべき」や「当たり前」に目を向けて、そこから新しい部活動を構想するのが「志向性」の改革である。

部活動に関連した集団を表す言葉に「同好会」あるいは「サークル」がある。「同好会」には「部」よりも未熟な集団、学校内で「部」として認められておらず、公式戦への出場が出来ない集団というイメージがある。文部省（当時）の「運動部活動の在り方に関する調査研究報告」（平成９年12月）によれば、高校の82％が「同好会」として一定期間活動した後、「部」として認めることとしていた。「志向性」に着目した改革の一例は、まさに対外試合に出場しない「同好会」に目を向け、学校内だけで活動することに価値を置く部活動だ。

最近になって「ゆる部活」という言葉が聞かれるようになった。スポーツ庁のｗｅｂ広報マガジンには「〝勝つ〟ことがすべてじゃない！　多様なニーズに応えるイマドキの部活動『ゆる部活』をレポート」と題して、３つの学校における部活動が紹介されている。[3] ここで紹介されているのは、平日４日間、始業前の早朝に45分間だけ、それぞれの生徒が時間内に身体を動かす「体力向上部」（中学校）、週２回の放課後１時間だけ、体育館で生徒たちがやりたい球技を楽しむ「レクリエーション部」（中学校）、ヨガのインストラクターを外部講師として招

図 4-1　部を新設する際のルール

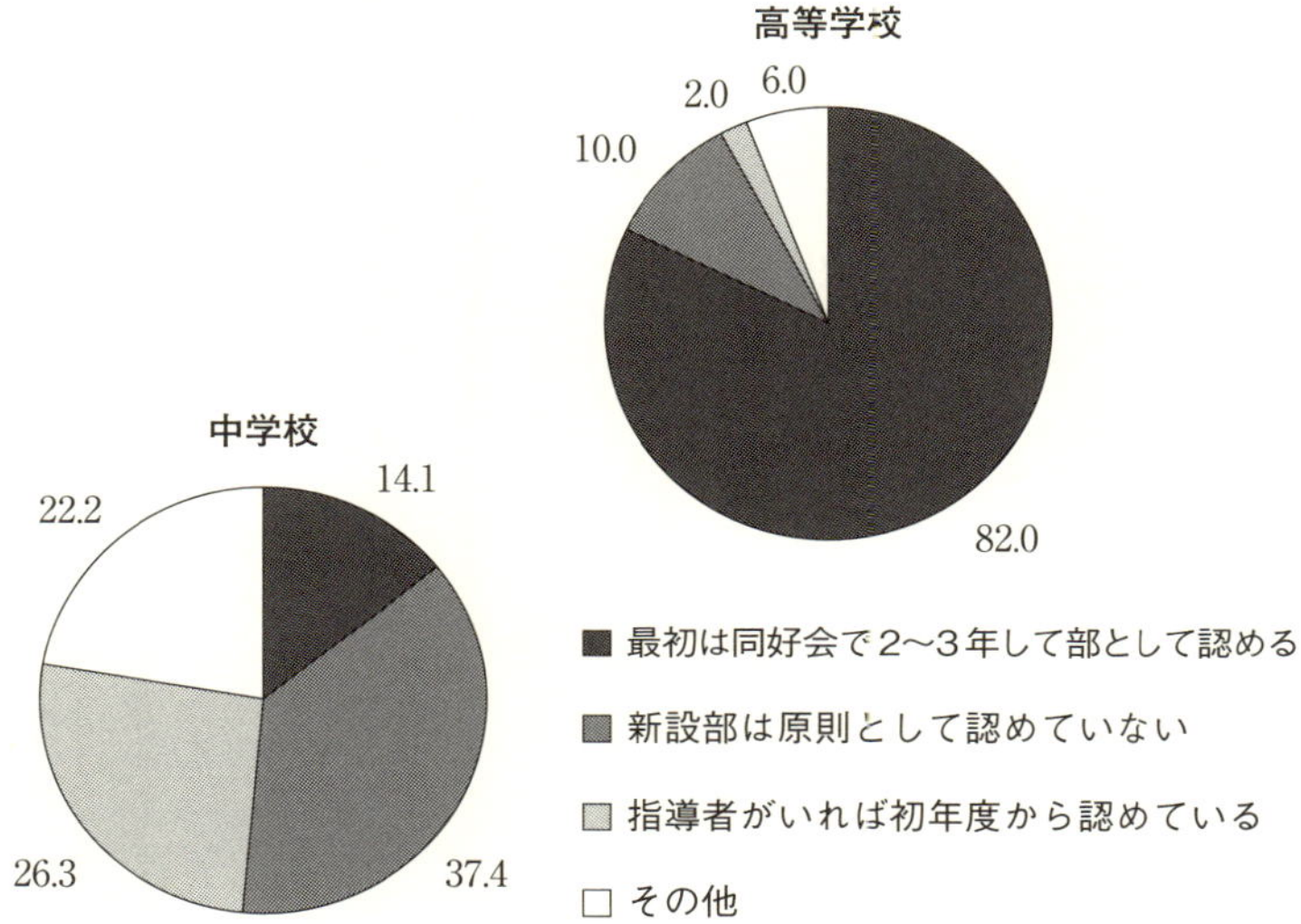

出所：文部省「運動部活動の在り方に関する調査研究報告」（平成９年 12 月）から筆者作成

き、月1回だけ活動する「ヨガ同好会」（高校）である。多くの人々が見聞きし、経験してきた部活動とは一線を画しているのではないだろうか。試しに「レクリエーション部」の活動を見ると（写真4―1）、体育館の真ん中で地べたに座り込んでいる生徒たちがいる。熱血鍛錬型・勝利至上主義の部活動だったら、指導者に怒鳴られるかもしれない。だが「ゆる部活」には「部活ってこれでもいいんじゃないかな」という新しい「志向性」がある。なお「ゆる部活」の中にも、時間と内容がしっかりと決められている「体力向上部」や「ヨガ同好会」と、体育館に集まった仲間で好きなスポーツを柔軟に楽しむ「レクリエーション部」のように、効率的な活動を目指すか、臨機応変で柔軟な活動を目指すかという違いがある。

写真4−1　レクリエーション部の様子

出所：スポーツ庁 Webマガジン[3]から転載

「大会に出て勝つことがすべてじゃない」という部活動への改革が考えられる一方、「勝つことがすべて」とは言わないまでも、大会での勝利を目指す部活動にも「志向性」の改革が起こっている。それは、効率化や合理化に価値を置く部活動へのシフトといってよい。たとえば、バスケットボールの全国大会に出場する高校が取り上げられたある記事を見てみよう。[4] 記事はまず「強豪校では滅多に聞かない話だった」という言葉から始まる。そこに取り上げられている近畿大学附属高校は、他の強豪校が当たり前のように練習をして、練習試合や遠征を行う日曜日を完全休養日にした。さらに部員各自に1年間で合計10日、自由に部活動を休むことができる「年休制度」を導入したという。「日曜完全オフのメリハリ強化」と表現されるこの部活動では、生徒に配布されているタブレットを駆使しながら、対戦相手の特徴を分析する「データ班」を設けているそうだ。このようなスマートな取り組みに価値を置こうとする部活動も近年増えているように思う。

前章で確認した通り、学校には「ほどよく運動をしたい」「部活動で友達をつくりたい」、「おしゃべりをしたい」という志向を持った生徒が一定数いる。部活動に関する議論が今ほど盛り上がりを見せる以前、新聞にこんな記事が掲載されていた。

みんなで楽しむ部活がいいのに　女子中学生（14歳）

私はいまの部活動の顧問の先生が、なかなか好きになれません。なぜかというと、その先生はきっと、大会の記録がすべてで、その記録のために毎日練習させているんだ、と思っているからです。

私は、友だちに誘われて陸上部に入りました。でも、走ることが嫌いで、何秒を切りたいなどという目標はありません。だからいつも愚痴をこぼしながら、頑張って走ります。そして、笑ったり、ふざけ合ったりして支え合いながら、その日の課題をこなしています。

私は、こうやって皆でワイワイ楽しむ部活動の仕方がすごく好きで、いいなと思っています。けれど先生は、ふざけてやっているのなら辞めろ、といいます。

それは私も、他の大きな目標を持っている人の邪魔になっていることくらいはわかります。でも、皆が皆、同じ目標ではないことをわかってもらいたいのです。

（朝日新聞、２０１０年12月４日朝刊）

当時、この中学生が楽しめる部活動がどれくらいあっただろうか。今でさえ、この文章を大学生に見せると「走るのが嫌なら入らなければよいのに」「この子に勝つ喜びを知ってもらいたい」「部活動というのは厳しさがあって、はじめて勝つ喜びや出来た時の達成感を味わうことができるもの」「楽しむためだけの部活動に私は反対です」という、一部辛辣な意見が挙がる。だが、現実では「楽しむだけの部活」を志向した部活動が生まれつつある。それだけでなく、楽しむだけの部活でも「効率的な活動」を楽しむのか「柔軟な活動」を楽しむのか、という違いと広がりがある。「上達や勝利」を目指す部活動の中でも「苦しさ」ではなく「賢さ」に価値を置く部活動も出てきた。よく言われる「勝利志向―楽しみ志向」を越えて、「効率性志向―柔軟性志向」「鍛錬志向―合理化志向」という志向の多様性が芽生え出している。今後、さらに新しい部活動が生まれてくることで、さらに多様な志向性が生まれてくるかもしれない。単一種目の継続や勝利・上達・鍛錬に価値を置くこれまでの部活動が、多様な価値を認める方向に広がりつつある。

(3) 空間に着目した部活動改革

次は部活動の運営やマネジメントの視点に立ちながら、「空間」に着目した改革に目を向けてみよう。なお、ここでいう「空間」とは、物理的な場所や時間、活動がセットになった「場」という広い意味で捉えてほしい。

前章で紹介した神谷（2015）は、部活動における生徒の自治活動を「試合」「組織・集団」「場・環境」の三つにわかりやすく整理している（3章、表3―1）。この整理をもとにして、自治活動が行われる具体的な場所を例示してみると、練習や試合が行われる「体育館」、組織・集団で話し合いを行う「教室」、場・環境に働きかける「学校全体」や「学校の外」という違いが見えてくる。このような整理は、スポーツの行われる「空間」と「集団」の違いに着目した荒井（2003）が、図4―2のように「コートの中」（チーム）、「コートの外」（クラブ）でスポーツ空間を捉え、さらに「実社会」を加えた3つの場に整理したものに近い。つまり、部活動における「スポーツ・文化活動が展開される空間」（≒試合／コートの中）、「その活動から離れて集団で部を運営する空間」（≒組織・集団／コートの外）、「個々の部を経営する学校あるいは学校外という空間」（≒場・環境／実社会）である。

これは何も運動部に限った話ではない。ある学校の「書道部」を例にしてみよう。生徒は部活動を通じて「毛筆を握り、今まさに『書』に向き合おうとしている空間」、「部活動の日程を決めるために部員同士で話し合う空間」、「生徒会に割り当てられた予算をどのように配分する

図 4-2　空間論をベースとしたスポーツ集団

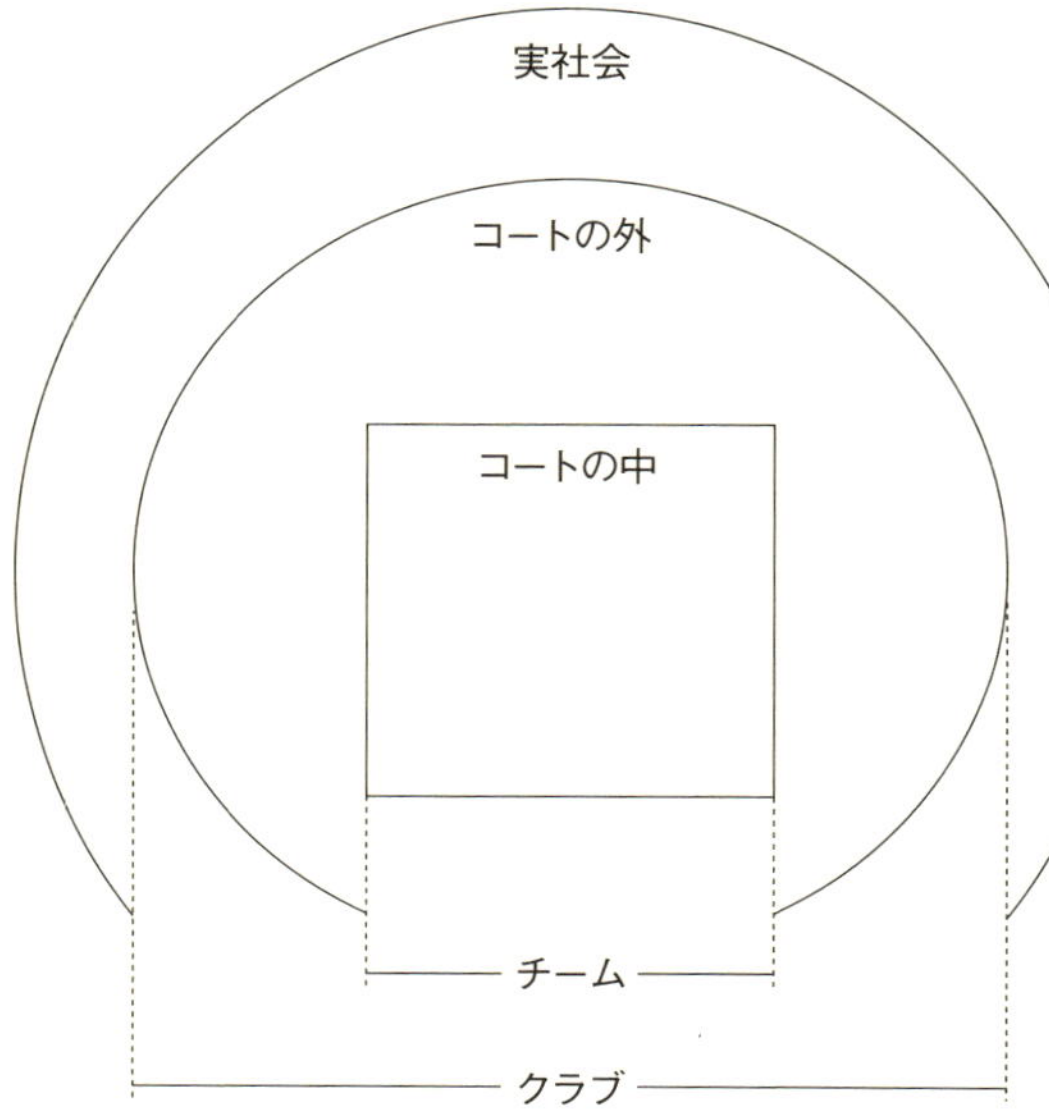

出所：荒井（2003）72 頁

か他の部活動と折衝する空間」を行ったり来たりしながら活動している。活動が学校外に広がり「実社会」に波及することもあるだろう。本章では3つの空間で主に行われることの違いに着目し、中心から順に「活動」「運営」「経営」という言葉で区別した上で、それぞれの改革例を見ていきたい。

①活動空間の改革

部活動の改革が行われる空間を「活動空間」、「運営空間」、「経営空間」という言葉で整理してみると、先ほど取り上げた「ゆる部活」の事例は、「活動空間」に重点を置いた改革として捉えることができる。レクリエーション部を例にすると、よく目にする体育館で勝つことを目指してトレーニングを積む「活動空間」から、その場に集まった友だちや仲間と好きなスポーツ（球技）を楽しむ「活動空間」に改革した事例といえよう。比較的手が付けられやすく、外からみても可視化されやすい改革が生まれる空間といえるかもしれない。

②運営空間の改革

次に「運営空間」に着目してみると、どのような改革の姿が見えてくるだろうか。活動空間を包みこむ「運営空間」は、練習をどのように行うか話し合ったり、誰を部長やキャプテンにするかを決めたり、部活動の中に新しい「係」を作ったりする空間である。先に挙げた近畿大学附属高校のように、日曜日を完全休養日にして年休制度を設け、部の中に新たな「班」をつくる取り組みはまさに「運営空間」の改革と言えるだろう。また、神谷と共同で部活動実践を行った堀江（2017）が、剣道部を「クラブ」にすることを目指して部員同士が議論する場を設けたり、剣道部のネーミングを考えさせたりしたが、このような実践も運営空間へのアプローチといえる。教員にとって、ある部活動の顧問を誰が務めるかは、この空間に大きく関わる意思決定である。その意味で「部活動の顧問をしない」という現場の教員の取り組みや、外部指導員が大会の引率まで行えるようになった「部活動指導員」の制度改革は、各学校における部活動の運営空間に影響を与えることになるだろう。

③経営空間の改革

最後に「経営空間」の改革について考えてみたい。前章において、休日に行われる複数の部活動を有料化・外部化した「部活動イノベーション」を紹介した。このように学校全体として部活動システムを変えようとするのが「経営空間」の改革にあたる。関連する改革として、学校が積極的に地域のスポーツクラブ（総合型地域スポーツクラブ）と連携したり、学校の施設を利用している地域スポーツクラブに生徒全員が加入して「クラブ員」となることで、学校の部活動を地域に移行する事例もある。画期的な取り組みとしては、２０１８年2月に開催された日本教職員組合主催の教育研究全国集会（教研集会）で報告された神川県立希望ケ丘高校の事例がある。その実践は、部費の管理・会計処理、用具の注文と購入、活動届けなどの書類提出、さらには顧問の依頼を全て生徒が行う仕組みが注目を集めた[5)]。

学校全体の部活動に関わる改革は、活動内容に関わる工夫や個々の部活動の運営改革に比べると難しさがある。なぜならば、部活動改革が学校の経営改革そのものになるからだ。ただし、ここに部活動改革の大きな可能性が秘められている。次節からは、ホワイト部活動の構想に向け、抜本的な取り組みを行った実践事例とその改革プロセスに着目してみたい。

2 部活動改革の実践事例

(1) 学校段階の違いと事例の捉え方について

現在、中学校と高等学校を中心に運動部活動の過熱化や負担を抑制し、部活動の価値を豊かにするための改革が進められている。だが一方で、甲子園野球をはじめサッカーやバレーボールなど、季節の風物詩として毎年テレビで放映されている「高校部活動の全国大会」をみると、その変わらぬ盛り上がりに疑問をもつ読者もいるのではないだろうか。実際、東京新聞が今年（2019〔平成31〕年）の春に開催された第91回選抜高校野球大会（春の甲子園）の出場校に行った活動時間に関するアンケート調査によれば、「運動部活動のあり方に関する総合的なガイドライン」に示された平日2時間、土日3時間の規定を完全に順守している学校は一校もなかった[6)]。また高等学校の中には、スポーツや文化活動に関する専門教育を行う学科やコースを設置している学校がある。そのような学校では、スポーツや芸術文化活動を行う部活動も重要な教育活動になっている。果たしてこれらの学校における部活動は、改革の対象になっていないのだろうか。

2018（平成30）年に策定された運動部活動と文化部活動のあり方に関する総合的なガイドライン（以下、「総合的なガイドライン」）では、その基本的な考え方が、中学校・高等学校（学校段階）、国立・

公立・私立（設置者）の別にかかわらず適用されることが明記されている。つまり、基本的には中等教育を担う全ての学校で部活動の改革が求められているのだ。ただしガイドラインには、中学校に比べて高等学校では多様な教育が行われている点に留意することも指摘されている。その意味では、中学校に比べると高等学校の場合、一律的な改革が難しいのは確かだろう。

しかし、部活動の改革事例を探してみると、どちらかといえば中学校よりも高等学校において多様な部活動改革が行われている向きがある。高等学校に比べると中学校における抜本的な改革事例を見つけるのは難しい。筆者の力不足はもとより──これはあくまで推測の域を出ないが、中学校における一律的な改革は「足並みを揃える」点で時間がかかり、改革を実質化する上で課題がある。一方、高等学校の場合は各学校の判断による多様な改革が生まれやすいが、学校間の差異が大きくなり、優劣を伴う格差を生じさせかねない。部活動の改革は、今まさに現在進行形で進められているため、今後、全国の自治体や個別の学校でどのような改革が行われるか、いかなる課題が生じるか、注視していくことが重要になる。ここではとりわけ抜本的な改革を行った高等学校における実践事例を3つ、中学校における実践事例を1つ取り上げ、改革の成果と共に課題にも触れていきたい。

(2) 活動空間の先駆的改革──総合スポーツ同好会の実践

複数種目を行うことのできる総合運動部活動は、「生涯にわたる心身の健康の保持増進のための今後の健康に関する教育及びスポーツの振興の在り方について（答申）」（保健体育審議会、平成9年9月）で「児童生徒期に多様なスポーツ活動の機会を確保する見地から、健康・交流志向や競技志向など志向の違いに対する配慮や、シーズン制、複数種目制など、児童生徒の志向に対応した活動内容の多様化を図ることも考えられる」という提案がなされて以降、繰り返し部活動改革の具体案として示されてきた。だが既に述べた通り、2004年の実態調査では1％の高校でしか実施されることがなかった。

そんな中、生徒の多様なニーズに応えるだけでなく、学校全体の活動に波及する総合運動部活動を立ち上げたのが、東京都立永山高等学校である（阿部2013）。「総合スポーツ同好会」という名前で立ち上げられたこの部活動は「フットサル」「バスケットボール」「フィットネス」の3部門から成り立っている。活動日は平日5日間で、最低週1回以上参加することが会員の活動条件とされている。服装は自由、ルールや試合時間は集まったメンバーで決め、参加者全員で道具の準備や後片付け、グラウンド整備を行う。楽しみ志向で柔軟に活動する「ゆる部活」の先駆けといってよいだろう。実際、バスケットボールの試合をするには人数が少ない時はフリースロー大会をしたり、フットサルの用具や設備がない時には、バスケットゴールの支柱をゴールに見立てて試合をするなど、生徒は柔軟に運動を楽しんでいる。

総合スポーツ同好会は、既存の部活動になじめない生徒のニーズや学校にやりがいや居場所を見つけられず、中には学校を退学していく生徒の現状を目の当たりにした阿部先生が、生徒に働きかけて2012（平成24）年度に設立した。部活動の在り方の一つである「居場所としての部活動」を実現した代表例といえるだろう。なおこの実践は、阿部先生自身の柔軟な部活動観と働きかけがあったからこそ具現化されたものでもある。

ただし、この実践事例がもつ特徴は、単に複数の運動を楽しめるだけにとどまらない。他の実践事例では中々みられない、もっとも興味深く、また大きな可能性を感じるポイントが、設立当初のメンバーだっ

表4-1　総合スポーツ同好会の活動にあたって

☆**活動目的** ①他部との連携を重視し、各部活動の活動範囲の拡大や各行事に対する活動の強化など全部活動の促進・強化を図る。 ②全部活動の活動を地域や他校などに発信し、小中高校や一般の人などとの交流を深め、地域との交流を目的とし活動する。 ☆**活動内容** ①活動は放課後に限らず、昼休みや土曜日にも設定し、一般生徒も交え学校全体のスポーツ活動を促進する。 ②土曜日や長期休業など学校が開放できる時は極力、他の部活動と連携し、地域の小中学校との合同練習や他高校との練習試合など地域との交流や情報公開を活動の一部とする。

出所：阿部（2013）41頁

た生徒が作成したという「総合スポーツ同好会の活動にあたって」（表4―1）に現れている。この骨子に示された活動目的と活動内容には、学校内の全部活動の促進ひいては地域や他校などへの発信、地域との交流まで掲げられている。あくまで構想とはいえ、部活動の質というのは上達や勝利だけではないことを生徒が見せてくれているかのようだ。

昨今の部活動に関わる施策をみていると「生徒のニーズ」に応えることがしばしば目にとまる。しかし、生徒のニーズに一方的に応えるだけでは、部活動がスポーツ・文化教室になってしまったり、生徒が個人的なサービスの受け手（消費者）になってしまう。総合スポーツ同好会の事例は、活動空間の改革が運営空間や学校の部活動全体を対象とした経営空間の改革に広がっていくこと、それが生徒の主体性によって成し遂げられる可能性があることを示している。

(3)　運営空間の多様化―アクティブラーニング型サッカークラブ

次に取り上げる実践事例は、運営空間の多様化と生徒の主体性を核にした改革だ。筑波大学附属高校（以下、附属高）の蹴球部

（サッカー部）は「クラブ」という枠組みを最大限に生かしながら、他の学校でいうところの「男子サッカー部」「女子サッカー部」「フットサル部」が一つの「サッカークラブ」としてまとまっている。[7)]

当初、附属高には歴史ある競技志向の（男子）サッカー部があり、かかさず練習に参加することを部員資格にしていた。そんな時、やむを得ない事情から参加できなくなった部員2名が、部の秩序を守るために退部を申し出る。このことがきっかけとなり部員同士で話し合いの機会を設けた結果、①サッカーが大好きであること、②サッカーが上手くなりたいと思うこと、③サッカー部の活動にかかさず顔を出すことのうち、いずれかにあてはまることを部員資格とする新しいサッカークラブが立ち上がった。そして2000（平成12）年には「女子サッカー部門」がつくられる。続いて2001（平成13）年には、サッカーは好きだけれども、競技志向ではなく楽しんでプレーしたい生徒や、サッカーよりもフットサルをしたい生徒が「フットサル部門」を創設した。その後、2008（平成20）年には「サッカー部」「女子蹴球同好会」「フットサル同好会」の3部門独立体制を経て、2009（平成21）年に競技志向の「サッカー部」、楽しみ志向の「フットサル部」、多様なニーズが集まる「女子蹴球部」の3部活を包括したサッカークラブが成立したのである（図4―3）。

3つの部はサッカーやフットサルという共通の種目を介して、クラブという名目の下まとまっているだけではない。毎週定期的に合同の「クラブ会」を開き、文化祭では混声合唱団を形成して参加することもある。クラブで手作りの広報誌も発行する。また、サッカークラブが校内のフットサル大会を主催し、全校生徒がフットサルを楽しむ場を支える活動も行っている。さらに特徴的なのは、生徒は卒業したあとも卒業生同士でサッカーチームを作り、大会に参加したり、母校に顔を出したりもすることだ。サッカーク

図 4-3　附属高サッカークラブの仕組み

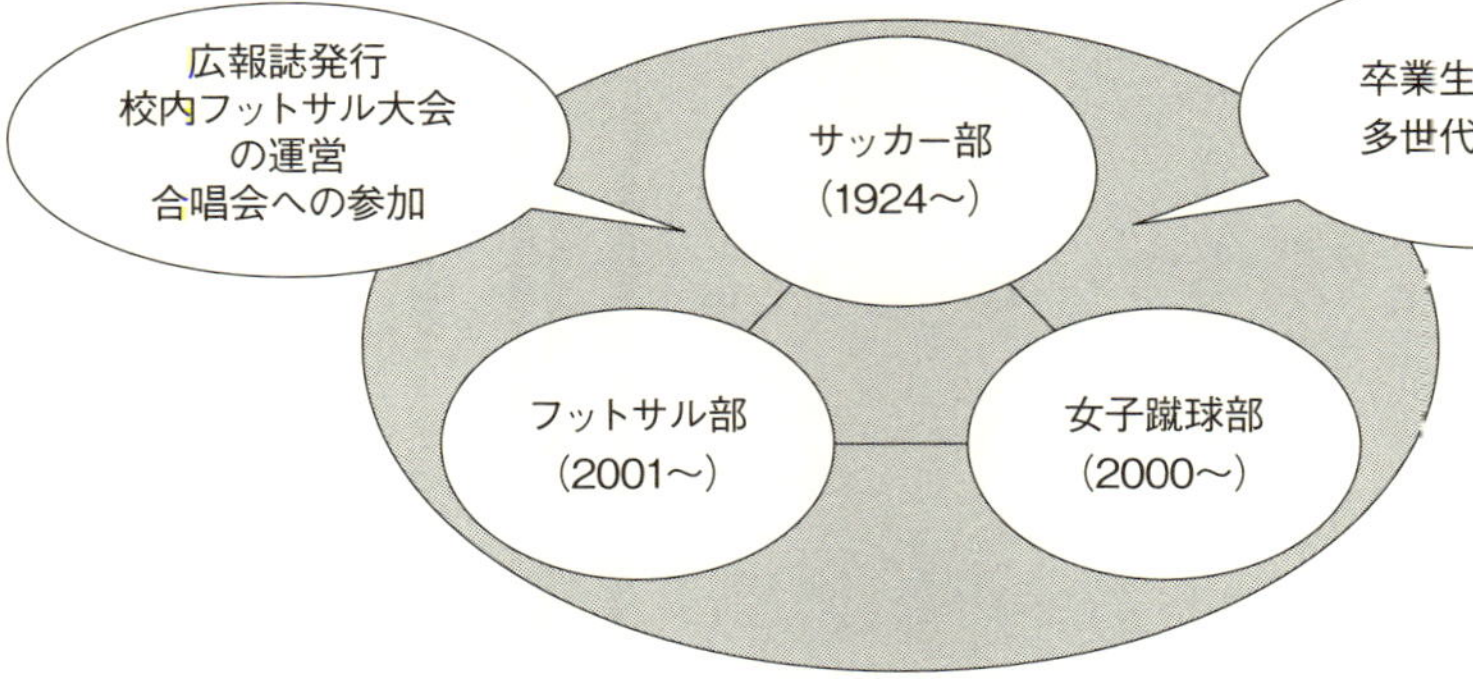

出所：中塚氏が作成した図を一部修正

ラブが学校の枠を超えて、多世代化した事例ともいえる。このように附属高サッカークラブには、明らかに授業では得られないアクティブ（主体的で能動的）な学びが存在している。さらに、異なる部活動間や全校生徒の活動にも関わっている点で、部活動の経営空間にも、生徒自ら積極的に関わろうとしている稀有な事例である。

　本章の冒頭で空間を整理するために取り上げた荒井（2003）は、コートの中の活動を主とする集団を「チーム」、チームを含み込みながらそれを支える「コートの外」の活動集団を「クラブ」として整理している。この点、附属高サッカークラブは「コートの外」が非常に豊かな活動で満ち溢れている。日本の多くの部活動は、競技志向も楽しみ志向も含めて、コートの中だけで頑張ったり、楽しんだりしていることが多いのではないだろうか。顧問や指導者が練習日程を組み、活動内容を考え、生徒はコートの中だけで頑張っていては「チーム」としての部活動から「クラブ」になれない。コートの外が充実した附属高の事例は、紛れもなく「クラブ」といえるだろう。

　このサッカークラブを担当する附属高の中塚先生は、もともと学校の運動部活動に対する疑問を持ち続けていた。それは、部活動の風物詩ともいえる「3年生の引退」「テスト前の部活動禁止」「大会出場は1校1チーム」「教師の過剰な関わり」「地域に開かれない学校施設」などに対する「なぜ」という問いだ。中塚先生によれば「テスト前の部活動禁止」というのは、結局のところ勉強もスポーツも生徒の生活の一部になっていないことの表れだという。このような見方は、運動部活動の在り方を左右する価値観、とりわけ表4―2にまとめられた中塚先生の「スポーツ観」が背景にある（中塚 2016）。附属高サッカークラブは、生徒主体に運営されてはいるものの、その根底には教員の部活動観が横たわっているといってもよいだろう。学校教育活動の一環である部活動の改革には、その方法や方向性を左右する教師の価値観が大きく関わっていることがわかる。

表4-2 「これまで」と「これから」のスポーツ観

〈これまでのスポーツ観〉		〈これからのスポーツ観〉
チーム	⇨	クラブ
選手	⇨	プレーヤー
多くの「補欠」を生むシステム	⇨	「補欠ゼロ」のスポーツシステム
「競技」志向	⇨	「プレイースポーツー競技」多様なあり方
「大会」中心	⇨	「日常生活」中心
トーナメント	⇨	リーグ
「引退」のあるスポーツライフ	⇨	「引退なし」の生涯スポーツライフ
単一種目を年中行う	⇨	複数種目をシーズンごとに行う
「する」のみのスポーツライフ	⇨	「する、みる、支える」多様なスポーツ
単一の価値観に集約するシステム	⇨	多様な価値観を認め受容するシステム
学校・企業	⇨	地域

※このような方向性で“スポーツ”を、スポーツの“場”を、そしてスポーツ好きの“人”を育てていくことが大切なのではないか。

出所：中塚（2016）233 頁

（4）経営空間の抜本的改革①──部活動をなくした学校の放課後

さらに、部活動の経営空間に関わる抜本的な改革事例について見てみよう。部活動は教育課程外であって、生徒の自由参加と教員の自主的な関わりによって成り立っている。「学校の業務だが、必ずしも教師が担う必要のない業務」であるから、[8)] 極端な話、学校から部活動をなくすという選択肢も存在するのではないか。私たちは学校に部活動があることを当然視し続けてきたことで、学校と部活動の深い関係を形成してきた。このような根本的な見方に立ち戻った関（2011）は、「部活のない学校」という抜本的かつ衝撃的な改革を行った公立X高等学校（以下、X高校）の事例を丹念に研究している。まずは、関（2011）の研究からX高校の改革事例を概観してみよう。

１９９５（平成７）年の開校当初から当時の校長は「部活動は行わなかった。部活動に教育的意義はある。しかし、部活動は、学校行事を増加させ、学力補充講習、進学補講などとぶつかり合う。職員の出張を多くする。しかも、現実的には、部活動をしない生徒が結構多い。部活動をしないと学校がどうなるかを検証する学校があってもいいと考えた」（関 2011：39）として、部活動のない学校を目指した。その後、学校広報によるＰＲ活動として「部活動をしたい人は絶対にXに来ないでください」というキャッチコピーまで生まれ、学校外にも知られるようになっていく。ただし、X高校では放課後の活動が全くないわけではない。開校当初から「放課後活動」というスポーツ系・文化系・学習系の各活動が多様に用意され、生徒主体の「サークル活動」「校内ボランティア活動」「生徒会活動」「進路活動」「コンピューター室利用」「英語検定などの各種資格に向けた取組」「作品制作」などに多様化していった。その後は「進路学習活動」「放課後活動」「生徒会活動」に整理されていくが、このうちの「放課後活動」が部活動を代替する役割を担った。もちろん、対外的な活動（対外試合）への参加は原則認めていないし、顧問も技術や技能の指導をするわけではない。[9] それでもX高校では、生徒が自主的に立ち上げる「サークル活動」が豊かな放課後活動の役割を果たしており、教員、生徒、保護者から高い学校評価を得ている。

抜本的というレベルを超えた本質的な改革に取り組んだX高校の実践で興味深いのは、部活動をなくしても多様化していく「放課後活動」の存在である。当たり前のように対外試合（公式戦）を目指していた部活動がなくなっても、あるいは顧問の先生が指導してくれる部活動がなくなっても、生徒たちが自分たちで立ち上げていく「サークル活動」は、「部活動」を改めて考え直すきっかけになり得る。

ところで「サークル」と聞くと大学を想像する人も多いだろう。実は大学に目を向けるとスポーツ系サークルに入っている学生の所属率（36・5%）は「運動部」の所属率（13・8%）の2倍以上であり、学生は運動部に伝統的で重たいイメージを持つ一方、サークルにはモダンでやわらかなイメージを持っている（松尾 2006）。サークルとは「顔見知りの仲間によって、自発的に文化活動を行う小さな集団」（綾部 1988：228）であって、統率力は弱いがクラブ（結社）の一形態とされる集団である。[10] 先に紹介した総合スポーツ同好会も、サークルの一種と考えてよいだろう。サークルや同好会には「部」とは違った魅力があるのかもしれない。

日本部活動学会会長の長沼（2018）は、これからの部活動の在り方を定めた3原則として「生徒の部活動への参加は任意である（全員加入制を廃止する）」「教員の部活動顧問への就任可否は選択できる（全員顧問制を廃止する）」「部活動の顧問は辞書的意味の顧問である（技術・技能の指導者である必要はない）」を提示している。学校経営上「部活動」をなくしたX高校は、これらの原則が実現された姿といえないだろうか。X高校の実践で注目すべきポイントは、部活動をなくすことが、生徒の放課後活動を奪うことを意味するわけではないということだ。むしろ、私たちのよく知る部活動をなくすことによって、多様な活動が生まれる機会が広がる上に、生徒と顧問の自主性や自発性を守ることもできる。「学校に部活動があること」を当然視しないことから、部活動改革を構想する逆説的な視点も有り得るのではないだろうか。

(5) 経営空間の抜本的改革②――中学校における部活動適正化の先駆的事例と課題

最後に取り上げるのは、中学校における経営空間の改革として、地域との連携・融合・移行を核とした部活動の量的規制にいち早く取り組んだ、長野県の中学校の実践事例である。言い方をかえれば、いま進められている部活動改革を先駆的に試みた事例ともいえる。ここでは改革に向けたチャレンジの中で、どのような課題が生じたか、という点にも注目してもらいたい。

長野県では、２００２年に学校週５日制が導入されたことをきっかけに、それまで過熱化傾向にあった中学校の部活動を適正化しようとする気運が高まった。そこで、現在の「総合的なガイドライン」にも示されている活動基準が設けられ、週休日は原則として活動せず、平日のいずれかも部活動をしない「ノー部活動デー」をつくることが教育委員会から通知された。[11] ところがおよそ10年後、再び運動部活動を適正化して過熱化を抑制しようとする動きがみられ、「平日４日以内、土日１日以内」「平日の活動は２時間程度」「原則として朝練は禁止」といった活動量に関する指針[12]が出されることになる。

なぜ再三「適正化」が求められたのか。その原因の一つに「運動部活動の延長として行われる社会体育活動」という独特の活動があった。これは、放課後に部活をしていて下校時間になったら、部活動の指導者は「社会体育」の指導者として、生徒は「社会体育」の参加者として、さらに保護者が施錠管理などを行う「社会体育」のサポーターとして活動に関わることで、ほぼ同じメンバーによる同じ活動を「社会体育」として行う仕組みである。2014年の指針では、この活動が過熱化を助長していることを受けて、活動量が定められた運動部活動に一本化することによる抑制が目指された。

過熱化の抑制と共に長野県では、学校とは独立した社会体育や総合型地域スポーツクラブとの連携や移行も模索された。例えば県内のいくつかの中学校では、学校の生徒が地域スポーツクラブの会員になって、中学校の部活動をクラブの活動として行う仕組みがつくられた。具体的にはX中学校の場合、中学校の生徒が入会金（1000円）・年会費（3000円）・保険料（600円）を支払って総合型地域スポーツクラブの会員になり、放課後の活動はクラブの事業であるユース・スクールとして行われる。クラブは地域から指導者を集めて指導し、もし夜間に練習を行う場合、生徒は一度帰宅してから活動に参加して、帰りは保護者が迎えにくる。

さらに積極的な事例としてW中学校では　運動部活動を地域に移行することを目指して、総合型地域スポーツクラブを創設し、学校長自らがクラブの代表に就きWクラブとして活動する仕組みが作られた。W中学校では教職員としての職務が16時40分までと定められ、それ以降クラブの活動に関わる場合は、その度合いの強さによって「指導員」「指導補助員」「支援員」「応援員」という役割を選択する。部活動を地域に移行することで、生徒が活動する機会の確保と部活動に関わる教師の選択肢の拡大を目指した実践事例である。

国の「総合的なガイドライン」でも、生徒のニーズを踏まえた環境の整備として「地域との連携」が掲げられ、学校と地域が連携・融合したスポーツ・芸術文化活動のための環境整備を進めることがあげられている。また、ガイドラインの最後に、長期的には学校単位の部活動を地域単位の活動にしていくことも示されている。これらのことからX中学校やW中学校の実践事例は、現在進められている改革に先駆的に取り組んだ事例といえるだろう。

しかし、各学校では部活動を地域に移行することでいくつかの課題が生じたことを指摘しておきたい。第一に、クラブの会員として活動するには会費を支払わなければならず、それが経済的な負担になってしまい、一部の生徒にとっては活動が制限されてしまうこともある。逆に、学校の部活動だけ行いたいと思っていた生徒が、ほぼ同じメンバーで行われるクラブの活動に参加せざるを得ず、活動が強制されてしまう実態もある。何より、クラスと共に生徒の居場所になっていた部活動が地域に移行することで、居場所を失ってしまう生徒もいるのではないだろうか。部活動の時間や量に着目するならば、地域への移行は合理的な手段のように思える。だが、教育活動の中身や学校内で行われることの意味に着目した時、それが別の場や機会で代替可能なものかどうか、改めて慎重に検討しなければいけない。

3 これからの部活動改革に向けて

部活動は自由な活動であるからこそ、あたかも様々な色で染められるかのように、多くの期待や願いを背負ってきた。歴史を振り返るまでもなく、今でさえ生徒指導や道徳教育、スポーツ界からの要請に翻弄されている。そして子どもと教員に深刻な問題を生じさせている。部活動が「ブラック」なのは、色の識別ができなくなるほど様々な色で塗りたくられてしまったからなのかもしれない。本章のまとめとして、部活動を彩っている原色は何かを考えるように、部活動の原点を探りながら、魅力ある部活動に向けた改革を実現する出発点を考えてみたい。

(1) 部活動の原点―「楽しいことをしたい」の大切さ

本章で取り上げた事例はそれぞれ、部活動について当たり前と思われてきた見方・考え方に問い直しを迫るものだが、子どもたちが「楽しいことをしたい」という気持ちを原点にしている点で共通している。これは「何かしたいなあ」くらいの気持ちから「特定のスポーツ・芸術文化活動をしたい」「上手くなりたい」「勝ちたい」「何でもよいから放課後に活動したい」あるいは前章で触れたように「友だちとおしゃべりしたい」といった気持ちも全て含んでいる。子どもにとって部活動には、一定の基準によって定められる「教育課程」の外であるからこそ、自由に楽しさを追求できる魅力がある。そもそも西欧で誕生した学校（School）の語源であるスコレー（Scholé）は、人生における自由な楽しみを追求する「余暇」（レジャー）の意味を含んでいた（瀬沼 1985）。つまり、「楽しいこと」と「教育」は根底で密接に結びついていた。だからこそ西欧の人々は、人間形成や自己成長のために余暇を大切にし、労働時間の短縮を求める際には負担の軽減だけでなく、余暇を充実させることを目指してきた歴史がある。その根底には、余暇は「個人が個人であるために譲り渡すことのできない最後の砦」という認識があった（薗田 2002：22）。

こう考えると部活動は、学校の中につくられた余暇空間と言えるかもしれない。前章の学術・研究領域における議論の中で提示した「楽しむことへの原点回帰」はその実現を見据えている。しかもそれは、子どもの家庭環境・経済状況によって参加が左右されてしまう学校外には作り難い「居場所としての部活動」によってこそ、実現できる空間でもある。「楽しいことをしたい」を大切にするという考え方は、部活動への教師の関わりや構えにもヒントを与えてくれる。現場の先生方はもし自由な時間を手にした時、人生を楽しむための魅力的な活動として、どんなことをしたいと思っているだろうか。それを子どもたちに示すことは出来るだろうか。部活動が、教師の自由な楽しみを犠牲にしなければならないのであれば、見せかけの余暇空間を演出することしかできないだろう。

　ただし、子どもたちの「楽しいことをしたい」という気持ちを大切にするのは、「子どものニーズ」に迎合することとは違う。楽しいこととは何なのか、それを楽しむためにはどうすればよいのかを子ども自身が考え、行動する機会を創り、必要に応じてそれを支えることを意味している。それは前章で触れた「方法知を学ぶ場としての部活動」の実現を目指すことでもある。部活動改革の実践事例を見ていくと、ある意味で教師の関わりが希薄であることに気づく。これまでの部活動では学校や教師が「子どものため」に時間や労力を尽くし過ぎてきたのではないか。むしろそれは子どもから、部活動の「楽しみ方」を学ぶ機会を奪ってきたと考えられないだろうか。顧問や指導者が活動日を決め、練習メニューを考え、技術や技能を教え、対外試合を組んであげることで、大切な機会が失われてきたかもしれない、と顧みてはどうだろう。

　ところで中学生や高校生に圧倒的人気を誇る運動部活動は、ほとんどが集団種目（バスケットボールやサッカー、バレーボール、野球など）である。これは今も昔も大差ない。ところが、大人になって行う運動種目といえば、体操やウォーキング、ランニングなど、極めて個人的な種目になってしまい、地域のスポーツクラブに入る人も激減する。このことは、スポーツを楽しむ場を提供されてきた子どもが大人になると、スポーツをみんなで楽しむ場を創ることができない実態を表している。

本章での実践事例には、子どもたちが子どもたちの手で楽しさを手に入れようとする姿があった。そのことが部の活動や運営の工夫、サークルの創設となって表れていた。部活動を「楽しむための練習」と捉えた中澤（2017）や自治活動を教育内容として重視する神谷（2015）が提示した部活動の姿がそこにある。明治期に輸入された外来語のクラブ（Club）の当て字に「とも（倶）に楽しむ集まり」を表す「倶楽部」という漢字が当てられ、今でも使われることがあるが、倶楽部はそれ以前、苦楽を共にする場として「苦楽部」の漢字が当てられていた（橋爪 2006）。楽しく活動するためには、そのために必要な苦しみもある。ただし、それは過剰鍛錬の苦しみではなく、試行錯誤する建設的な生みの苦しみである。

(2) 学校による部活動の経営

本章では、活動―運営―経営という3つの空間に分けて部活動改革を整理したが、具体的に取り上げた4つの実践事例を見ると、それぞれの空間に関わる改革がばらばらに進められているわけではないことがわかる。つまり、1つの「部」（チーム）の活動は運営にも影響を与えるし、運営空間の改革は他の部活動や学校全体に波及することもある。学校経営上の判断で部活動をなくせば当然、個々の部やその運営に影響を及ぼす。つまり、活動―運営―経営の改革は連動している。ところが「部活動改革」と耳にした時、多くの人々は各学校に設置された個々の「○○部」の活動や運営の改革を想定するのではないだろう

図 4-4　学校による部活動の経営

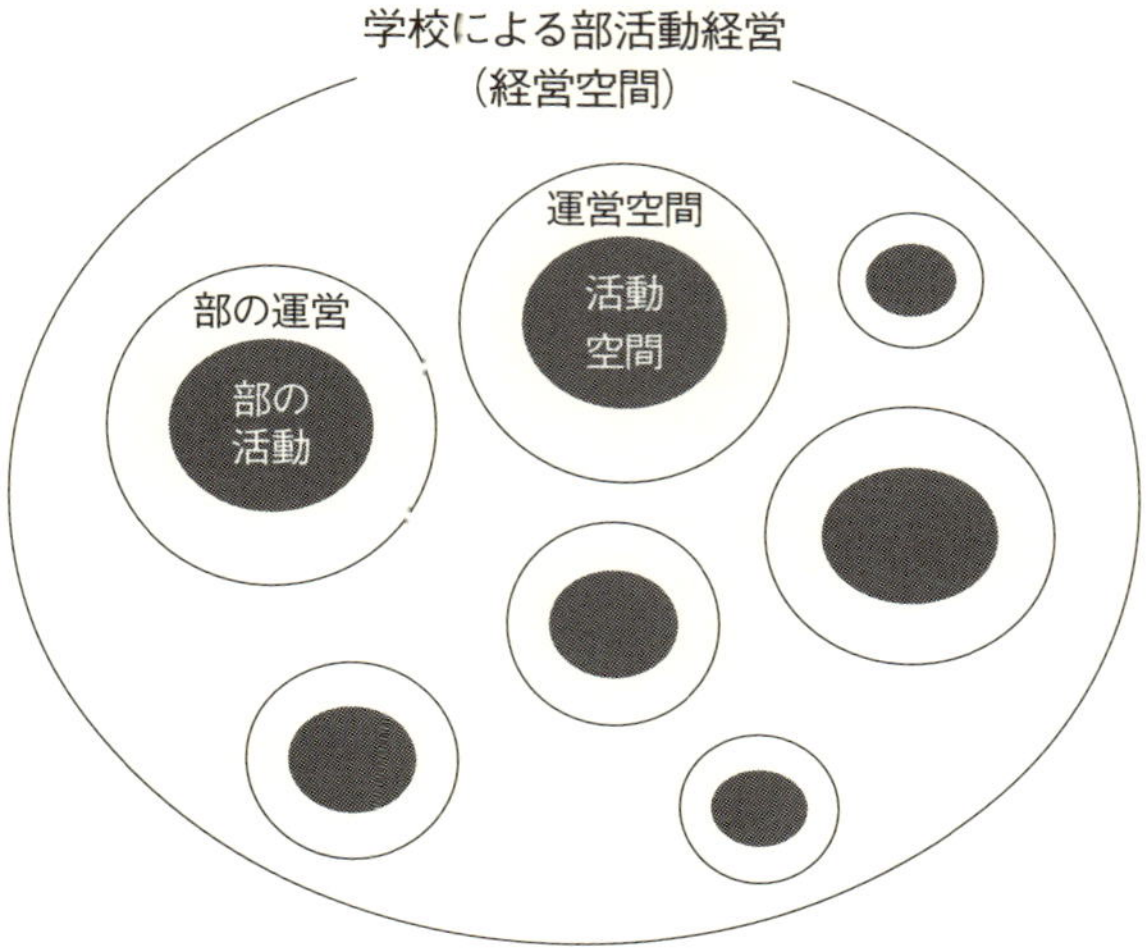

出所：筆者作成

か。しかし、本章では部活動改革の捉え方として、個別の「部」を改革する視点ではなく、学校に存在する複数の部（Clubs）を全体として捉える「学校による部活動経営」の視点に立った改革を重視したい（図４—４）。

たとえば「部活動が盛んな学校」という言葉をよく耳にするが、清水（2017）はそれを競技レベルの高い部活動が沢山ある学校ではなく「自主的・自発的に部活動に参加する生徒が多数を占め（できれば全ての生徒）、生徒自らが自治的・組織的に部を運営し、学業等の生活諸活動とのバランスを図りながら、だれもが平等・公平にスポーツの楽しさ・喜びを享受して人間的にも成長し、彼らの充実と学校構成員としての誇りを強く抱いている学校」（191）と表現している。このような捉え方こそ、部活動を「部」単位で捉えるのではなく、学校単位で捉えようとする視点である。本章で取り上げた「部活動をなくす」という判断や改革も、個々の部を対象としてではなく学校の経営改革として進められた。その意味で部活動を抱える学校は「学校として部活動をどうしたいのか」をどれほど考え、話し合ってきただろうか。また、各学校の教員や生徒は「私たちの学校の部活動」について、何を語ることができるだろうか。

部活動が教育課程外の活動である以上、顧問をするか否か、入部するか否かについての選択権は保障されるべきだろう。しかし、その判断が極度に個人的になり、教員と生徒にとって「やりたい人だけの活動」となってしまえば、あるいは「やりたくない人にとっては関係のない活動」になってしまえば、部活動は単なる「放課後学校開放事業」になってしまう。ともすれば教員間・生徒間に無関心を生みだし、部活動改革が個人の改善努力になってしまう。真の意味で「学校の部活動」をどうするか、いま改めて問う必要がある。

また「顧問をするか、しないか」「入部するか、しないか」という選択は多くの場合、これまで当然視されてきた既存の部活動を想定していることにも注意したい。「ゆる部活」や「総合スポーツ同好会」をはじめ、部活動をなくしたらサークル活動が多様化した事例のように、部活動の志向性が多様化し、様々な形が認められるならば、子どものやりたいことはどんどん広がり、教師の関わり方も多様化できるのではないか。むしろ子どもたちは、我々が想像する以上に「楽しいこと」を知っているかもしれない。それを受け止める部活動の多様化を進めるのは、個々の部活の課題ではなく、まさに学校経営の課題である。生徒にとっての部活動がもつ意義と問題点は、生徒の学校生活全体に大きく関わる。その意味でも、学校に関係する多くの人々を巻き込んだ議論と対話によって部活動改革を進めていくべきだろう。

【注釈】

1）保健体育審議会「生涯にわたる心身の健康の保持増進のための今後の健康に関する教育及びスポーツの振興の在り方について（答申）」（平成9年9月）

2）文部科学省（2015）「地域スポーツに関する基礎データ集」http://www.mext.go.jp/b_menu/shingi/chousa/sports/025/shiryo/__icsFiles/afieldfile/2015/05/01/1357467_4.pdf（参照日：２０１９年1月16日）

3）スポーツ庁ｗｅｂ広報マガジンDEPORTARE「デポルターレ」「〝勝つ〟ことがすべてじゃない！　多様なニーズに応えるイマドキの部活動『ゆる部活』をレポート」https://sports.go.jp/tag/school/post-13.html（参照日：２０１９年1月16日）

4）JSPORTコラム&ブログ（２０１６〔平成28〕年12月16日）「〈ウィンターカップ出場校紹介10〉近大附属、日曜完全オフのメリハリ強化で連続8強狙う」http://www.jsports.co.jp/press/article/N2016121417083309.html（参照日：２０１９年1月16日）

5）西日本新聞（２０１８〔平成30〕年5月15日）連載「教育はいま」https://www.nishinippon.co.jp/feature/education_now/article/416528/（参照日：２０１９年1月16日）

6）東京新聞（２０１９〔平成31〕年3月23日朝刊）「部活動時間の上限指針　選抜出場校　順守ゼロ」

7）本事例については、顧問を務める中塚教諭から筆者が聞き取りを行った内容と女子サッカー部のホームページ（http://www.geocities.jp/tsukuba_josaka/〔参照日：２０１９年1月14日〕）を参考にしている。

8）中央教育審議会「新しい時代の教育に向けた持続可能な学校指導・運営体制の構築のための学校における働き方改革に関する総合的な方策について（答申）」（平成31年1月25日）

9）関（2011）によれば放課後活動における教員の位置づけは、もともと管理的・指導的役割を負わない「アドバイザー制」としていたが、その後「顧問制」を適用することになった。ただし、多くの学校の「顧問」に比べれば管理的・指導的な役割は大きくない。

10）綾部（1988）は血縁や地縁を契機とした集団と対比して、約束（契約）を結合のきっかけとする結社を「約縁集団」と呼ぶ。そして、クラブ、ソサエティ、サークル、サロンなどの集団を含む「約縁集団」を代表する言葉として、もっとも包括的なクラブを用いた。ただし、日本的文脈に沿った分析では、クラブとサークルが使い分けられてきた歴史があることについても論じている。

11）長野県教育委員会「中学校における部活動の適正な実施について」（2002年〔平成14〕年6月10日）

12）長野県教育委員会「長野県中学生期のスポーツ活動指針」（2014〔平成26〕年2月）

【文献】

阿部隆行「多様なニーズに応える総合スポーツ同好会」『体育科教育』2013年3月号、大修館書店、38―41頁

綾部恒雄『クラブの人類学』アカデミア出版会、1988年

橋爪紳也「倶楽部の成立」福田アジオ編・綾部恒雄監修『結衆・結社の日本史』山川出版社、2006年、228―244頁

堀江なつ子「運動部活動の実践」神谷拓編『対話でつくる教科外の体育―学校の体育・スポーツ活動を学び直す』学事出版、2017年、163―174頁

神谷拓『運動部活動の教育入門―歴史とのダイアローグ』大修館書店、2015年

松尾哲矢「乱立するスポーツ系サークルの今」『現代スポーツ評論』vol.14、創文企画、2006年、94―101頁

長沼豊『部活動改革2・0―文化部活動のあり方を問う』中村堂、2018年

中塚義実「補欠ゼロ、引退なし、自主運営のサッカーリーグ」友添秀則編『運動部活動の理論と実践』大修館書店、2016年、232―243頁

中澤篤史『そろそろ、部活動のこれからを話しませんか―未来のための部活講義』大月書店、2017年

荒井貞光『クラブ文化が人を育てる―学校・地域を再生するスポーツクラブ論』大修館書店、2003年

関朋昭「高等学校における学校経営からみる運動部活動の再考論」『日本高校教育学会年報』第18号、2011年、36―45頁

瀬沼克彰『余暇教育の出発』学文社、1985年

清水紀宏「運動部活動に求められるマネジメントとは」友添秀則編『運動部活動の理論と実践』２０１６年、１８４―１９９頁
薗田碩哉「余暇の現代史」一番ヶ瀬康子・薗田碩哉編『余暇と遊びの福祉文化』明石書店、２００２年、17―37頁

ポイント

1 近年、部活動に対する価値観や志向性の点で、今までにない多様な部活動のあり方を受け入れようとする改革が進められており、「楽しみ志向—勝利志向」にとどまらない多様な志向性をもった部活動が生まれつつある。これらは部活動の「志向性」に着目した改革と捉えられる。

2 部活動の行われている空間は、メインとなる活動が行われる「活動空間」、その活動を行うために部の運営を行う「運営空間」、そして学校が主体となって学校の部活動システム全体を経営する「経営空間」に整理できる。これらの改革は、部活動の「空間」に着目した改革と捉えられる。

3 ホワイト部活動を実現しつつある実践事例をみると、子どもたちの多様なニーズと志向を受け入れつつ、部活動の活動—運営—経営の各空間に関わる改革が相互に関係していた。とりわけホワイト部活動に向けた改革には、学校内の部活動を全体的に捉えて経営していく「学校による部活動改革」が重要である。

5章

部活動改革の方法

——校長が職員室を変える

1 ステップバイステップの原則

「部活動がオリンピックにつながっている以上、改革は無理だよ。」という声を聞いたことがないだろうか。全国大会を目指す生徒を送り出す学校においては、それが学校の誇りとなりアスリートが存在する学校として脚光を浴びる。総合優勝を連覇すれば一種の学校ブランドが生まれ、それは地域の財産ともなる。その光の裏にある陰が部活動の盛んな学校が抱えているリスクであり、公教育における部活動とは何かを問われる賛成派反対派の二極を生み、教育のアポリアを生む。ここでは、その前提を受け入れながらも、新たな道を探ることとする。二極を追求しても答えは出ない。重要なことは、「どちらがよいか」ではなく、「何からできるか」である。「できることから始めよ。その集積が改革につながる」のである。部活動改革には、まず一歩一歩が大切である。事例をあげよう。

１５０校近くが集まる市単位での公立中学校長会の研修時のことである。それぞれのグループで課題を出し合い討議することになりテーマを出し合った。全国レベルの大会に勝ち進む学校が偶然集まったこともあり、当然のように部活動のブラック化問題に話題が集中した。結論を言えば、我々校長一人の力では改革は難しい。行政サイドで法制化するなど規制をかけて欲しいというものであった。２０１８年（平成30年）1月には、新年度から平日、土日それぞれで1日以上を休養日にするよう求める教育長の通知が出され、コンクールや大会参加で土日に活動が続く場合には他の曜日に振り替えることとなった。この改善策は言わばトップダウンで降りてくることとなり、実施にあたっては各校の裁量に任せられる形となった。

これを受けて、各校の部活動改革が名目上スタートした。プロジェクトチームが立ち上がったというと聞こえはよいが、おおむね各部の顧問が集まった部活動顧問会に管理職が加わった組織に近いものといえよう。管理職は学校によっては検討メンバーに所属せず報告を受けたり助言を与えたりという場合もあるだろう。その検討会議では、顧問会の代表が各部活動の年間スケジュールをまとめ、練習の特性や外部講師の有無（特定曜日に勤務しているなどの情報も含め）、練習の内容、体育館等の割り振り、一日の練習時間などを勘案して部の顧問に説明を促し、合意形成を図る流れとなる。水泳部のように季節によっては毎日練習を行いたい部や、土日の2日連続練習といっても一日単位、半日単位で何時間も練習を行う部と2時間程度で活動を終える部では生徒の負担の度合いが変わってくる。このような練習の細かい形態を報告してもらいながら、どの部も平等に平日休みをとるような方策が練られていく。抜け駆けや逸脱が起きないよう、顧問間で意見が交わされ、一人の顧問の意見によって間違った方向に流れないよう、顧問会の代表がファシリテーター役を担う場面も見られた。むしろそのような客観的な眼をもった代表がいると心強い。

この事例では、合意形成に向かうために何度も顧問会が開かれた。土日連続の試合や練習後の平日に1日休みを設けることに対して、一人の顧問の解釈が全体の総意に影響を与える。話し合いの結果、条件付き合意という何ともグレーな方策が取られたが、ここで重要なのは結果ではなく合意に至る過程である。全顧問が話し合いに参加し、子どものために休みを設けようと議論に時間を割く、その蟻のような歩みこそが重要だと言いたい。

このような話し合いを重ねることができる学校は、その一歩の歩幅が小さいものであっても向かう方向さえ間違っていなければ、いずれは改革路線に乗ることができるだろう。理由は全員が参加する合議であるからである。後に事例を引用して説明するが、改革を起こす人物が属人化していたり、職員全体に情報が正しく伝わっていなかったりした場合には、改革は失敗する。きっかけは様々であるが、推進者が異動したり、一部の顧問だけで実施したりしたために不平等感が形成された場合などである。

部活動改革は着実に慎重に、段階を踏んで一歩一歩、すなわち「ステップバイステップ」の法則が功を奏する。なぜなら、その「ワンステップ」を起こす行動原理にこそ、学校全体の流れを変える大きな潮流を生む意味があるからである。

2 一人ひとりに向き合う—教員の多様性

では全体の総意から成る「はじめの一歩」を、どうやって踏み出したらよいのだろうか。

きっかけをつくるのは、やはり校長の役目だといえよう。部活動の運営に関して、人事面談を行うと必ず相談を受けることの一つに「顧問はやらなければならないのでしょうか」という問いがある。この問いは一般的には、校内人事の責任を担う校長に向けられる問いであるが、「教育課程と関連させる」という位置づけである部活動においては、顧問の強制はできないが全員顧問制の学校においては顧問配置の平等性という原則のもと、本人の意志を尊重しながら、持つことのできる部を選択してください、とお願いするしかない。したがって、この問いを校長から市民、いや国民の皆さんへの問いとしてお尋ねしたいのである。「顧問はやらなければならないのでしょうか」。さて、どのような返事が読者の皆さんから返ってくるだろうか。ここで大切なのは、「やるのが正しい」、「やらないのが正しい」という結論ではなく、様々な考え方の教員を束ねなければならない問題が部活動の運営上生じており、その前提の上で成立する制度の問題を抱えているのが日本の部活動であるということである。

よって、顧問をやりたくない、或いはやることができない事情を抱えているという条件（家族の介護、自身の病気、子の養育等の理由において）のもとに苦しい立場に立たされる教員もいるのが事実であるため、「一人ひとりの事情にあった顧問制をとらないと自滅の道をたどりますよ」という事実をしっかり受け止めましょう、ということにつきるのである。

そこで真面目な教員が引き起こす「皆が頑張っているのだから犠牲を払うのは仕方ない」という考えをやめましょう、と校長が発信することは大変重要なことであると考える。校長が考えるべきポイントは4つある。

①法制度を使って労務管理を行うこと
②自己犠牲を負うのではなく、どのような対応が可能かを考えること
③顧問同士がシェアを行う具体策を多くあげること
④外部指導者に任せられる業務は何かを絞り込むこと

具体例をあげると、土日の引率がきつく、体調も悪化するばかりで、顧問を続けるか否かで悪循環に陥

っている教員がいたとする。「それは顧問の維持が問題なのではなく、まず療養することではないですか」ということである。「ゆっくり休んで治療を行うことが先決で、部活動の問題は次ですよね」という問題の整理を行うことが重要である。また、メンタルヘルスの問題を抱えた教員は、勤務時間外の労働に制限がかかっており、勤務時間後の部活動を任せることはできない。そのため勤務時間内での指導ができる範囲でどのようなメニューが考えられるか、生徒の意見を取り入れながら共に考えること、「単位時間内での集中」と「日々の継続」を実践し、練習にかけられる総時間を捻出する方法もある。

端的に述べると部活動運営には、顧問の「総意と工夫」次第でまだまだ発展的に開拓できる余地があるといえるのである。

3 プロジェクトチームを立ち上げる

超過勤務を生む部活動を是正するには、一つの部活動内で話し合っても発展性のある議論にはなりにくい。学校全体の問題として、組織的に取り組まなくては改革は望めない。部活動改革のためのプロジェクトチームを新たに編成する場合もあるだろうが、現存する部活動顧問会を中心とした部の代表が編成する会議で、規約等の審議をして新年度を迎えることになる。部の運営に関しては、部活動顧問会の承認を経て実施する形をとるが、この「他の部のジャッジが入る」、ここが重要なポイントなのである。部活動の運営は基本的に部単位で行われるため、実施に伴う全体のルールや練習場所の割りあて以外は、顧問の裁量に任され密室管理となりやすい。従って、体罰や顧問の行き過ぎた指導、部員間のいじめなどが起きやすい状況にある。そのためネットパトロールならぬ部活動パトロールが必要であり、この部活動パトロールは管理職の監督範囲でもある。情報を集める手段としては次のような職員の組織化が有効である。

① 同一部内における第二、第三顧問

同一部内における第二、第三顧問は、第一顧問が行き過ぎた指導を行ったり、全体ルールを破る行為があったりした場合には、危機感を感じている一番身近にいる重要人物である。意見の申し出があった場合には、客観的な証拠として情報を慎重に扱い、第一顧問の指導・助言に活かしていく必要がある。運営に関するほころびは身内から始まる場合が多いが、気持ちのよい連携が行われるためにも、複数顧問制のメリットを生かした運営が行われるように、校長はどのような立場の教職員ともきめ細やかな対話をしていく必要がある。

② 他の部の顧問

学校内で同時に部活動を運営していくためには、協働し合う場面や譲り合う場面、突発的なけがや事故などの緊急時に部の枠を越えて助け合う場面なども想定される。そのため、他の部に関しても意見が言えるような教員組織をつくっていく必要がある。

カリスマ顧問の運営に対して、他の顧問が何も言えないような職場では、教員間がぎくしゃくするだけでなく、子どもにとっても息苦しい環境を強いることになる。自分の部を学校全体の部活動の一部として

捉える視点と、他の部の運営の良い点や課題を見分けていく鋭さを一教員として持つこと、高い人権意識のもとにおかしいことはおかしいと言える勇気を持つこと、さらにそのような意見が尊重される人間関係が築ける職場であることが重要である。

③　担任や学年職員

生徒からの部活動に関する相談は、よく担任のところへ持ち込まれる。保護者からの部活動相談も顧問には直接言いにくい面もあり、担任に相談が持ち込まれるケースが多い。その際、担任と顧問が本人の訴えを基に事実の確認とすり合わせを行い、学年主任、生徒指導専任教諭、管理職に報告がなされる流れとなるが、担任と顧問の力関係で直接顧問に生徒の相談を持ち込みにくいケースも見られる。そのような場合には学年主任や生徒指導専任教諭、管理職が入って顧問に事実確認や指導を行うことになる。生徒の人権を守り、生徒が安心して部活動を楽しむためには、複数の職員の目が必要であり、組織的に対応していくことで改善される。

④　養護教諭

運動系部活動の場合、生徒は事故やけがで保健室を訪れることが多い。その際、養護教諭は生徒に状況を聞く第一人者となる。けがを処置しながら、なぜけがが起きたのか、顧問の先生はどうしていたのか、加害・被害の関係はあるのかなど、生徒が置かれた状況を聞き出し、問題の所在を確認していく重要な役どころである。力量のある養護教諭であれば、いじめを受けていた加害・被害の関係が考えられることや、顧問の体罰につながる行為であることなどの情報をけがの報告と共に迅速に管理職に知らせ、重篤な問題に発展する前にケース会議を開いて解決に導く。つまり、養護教諭は学校の中では重要な情報を握っている中心的な存在でもある。養護教諭自身が、「子どもを犠牲者にしてはならない」「子どもの安心安全を守るのは自分たちである」という意識をもって、部活動指導に対しても安全管理の立場から意見を通せるイニシアティブがとれると、学校がうまく回る。スポーツ医学の立場からも、長時間の練習メニューがかえって技術の向上にはつながらず、事故やけがを引き起こす要因になることなど、研修の企画や学校保健委員会で取り上げる工夫を行っている学校もある。校長は、そのような企画立案に養護教諭が主導的に取り組めるよう、校内人事を綿密に編制する重要な役を担っている。

⑤ 保護者

保護者の間でも、競技志向と交流志向の二極化が生まれ、子どもの部活動の参加をめぐって学校に意見を申し出るケースが増えてきている。同じ部活動の保護者のコミュニティが盛んな部とそうでない部とでは意見の内容に関して様々な展開を生み、多様な考えの保護者が集まっているだけに解決が遠のく場合もある。しかし、保護者の意見は担任や学年主任、管理職に持ち込まれるケースもあり、顧問が暴走することを防ぐ役目も担っているため、保護者を学校改革の協力者として位置づけ、連携しながら取り組んでいくことが大切である。

以上のように、校長は部活動に関わるどの立場の者から相談を受けても、適切な助言と指示を与え、常に新しい情報を集めながら、顧問が部活動マネジメントを正しく行えるよう支援していく役割を担っているのである。

4 問題構造を図式化する

部活動運営は、地域性や地方教育行政の対応、学校の方針や学校内部の部活動の位置づけにおいても一律ではないために、同一路線では語れない難しさがある。政策と議論だけで外枠を固められると、学校に内在している根本的な問題解決とはならない場合が多く、その結果教員を苦しめ、生徒が満足のいく部活動ライフを楽しむことはできなくなる。個々のケースをとらえ、よりよい在り方を求めていくならば、生徒の意志を第一に尊重しながら個々の生徒に偏ることなく、同じ目的をもつ集団（サークル活動）として、協力や個性の伸長、仲間との友情や先輩後輩といった縦のつながりの良さを育成していくことができるだろう。そうしたつながりを通して社会性を育み、社会に出ても通用する組織人を養成することになる。

そのような部活動のもつ良さに立ち戻り、何が問題となっているのか一つひとつ検証していく必要があるだろう。そうでないと、外部指導者をつければ片付く、地域に任せれば手から離れるといった短絡志向に陥ってしまい、何ら解決にはつながらない。

失敗の引用事例として、谷口が論証している総合型地域スポーツクラブの事例は示唆に富む。B中学校における総合型地域スポーツクラブ（Cクラブ）の推進役となったD氏は教諭と体育指導委員（スポーツ推進委員）を兼任し、地域との積極的な関係構築のパイプ役としての強みを持っていた。ところが改革主導者のD氏が異動した後もCクラブに留まる中で、多様なコンフリクトとジレンマが教員間に生じ、総合型地域スポーツクラブの継続が破綻し失敗に終わったという事例である。この場合なぜ失敗したのだろうか。

D氏は自ら地域におけるスポーツ推進委員を経験し、かつ学校の教諭という、どちらの立場も理解できる特殊な立場にいた。そのため調整や両立のノウハウを有するD氏に任せていた学校の教員も、D氏がやるなら仕方ないといった他人事として捉えていた。そのためCクラブにおけるバレーボール用支柱設置時の手指損傷という事故をきっかけに訴訟問題に発展し、その結果Cクラブの活動とは完全に分離した部活動に戻すとの結論が出されて、Cクラブは消滅することとなったのである。

この失敗の事例を谷口は次のように分析している。

①B中学校に異動してきた教員の中に、部活動は教員がやるべきだという者がいた。

②D氏がいた時代の総合型地域スポーツクラブの運営に外部資源への安易な期待があり、それが顕在化した。

③地域におけるスポーツ経験知を有するD氏とB中学校の他の教師とでは総合型スポーツクラブをはじめとした諸活動に対する教育観や解釈に大きな隔たりが存在していた。

④教員文化の核心は〈変革動向からの回避志向性〉にある。

このような谷口の指摘は、現場にいれば日常的に起こりうる教員文化の諸相である。個々の教員が有する教員文化をめぐるコンフリクトが生ずると、新しいことに置換させる際に大きな障壁となる。教員文化においては、例えば事故を起こしたときにはまず保護者への迅速な連絡と謝罪だということは誰もが知っていることであり、その初期対応を誤ると信頼が崩れ解決が難しくなることを経験として理解している。事例では、事故後にクラブ指導者から保護者への謝罪がなかったが、それは学校事故という点においてはあり得ないことであり、Cクラブの責任問題として波紋を巻き起こすこととなったのは当然の結果である。

谷口は、クラブの運営が、専門的スポーツ指導に傾きすぎると、教師の存在感が弱まり部活動指導をめぐる教員の権威（主導権）が低下し、クラブ活動への関与に伴って生じた多忙も引き起こすとして、B中学校で起きた問題を【部活動運営をめぐる表面的な協調・調和】と称し、教員文化の存在を踏まえない限り、学校外（地域）との関係構築を成功させることは困難だと指摘している。

では、教員文化を十分捉えつくしたクラブの運営は可能なのだろうか。谷口は、運動部活動の実態・政策・議論の今日的課題を、政策と議論が一致して外部化を模索しているのに反して、実態として学校内に留まり、維持されていることを指摘している。

部活動存続の困難に直面しつつも、そのことの解決・解消を拒む教員（学校）文化の内実に原因があるとするなら、教員文化に切り込む新しい発想が必要であり、【部活動運営をめぐる深層部で結託する協調・調和】にもっていかないと解決にはならない。

それが本書で述べるホワイト部活動である。クラブの指導者は、あくまでクラブの指導者として学校を支援する立場に立ちながら、顧問との風通しの良い協働関係を構築する力をもっていなければならない。前述した事故が発生せず、教員文化を十分理解できる者とはどういう人物を指すのか。谷口の事例では、D氏は異動した現職教員という立場であったが、むしろ時間に縛られず子どもを第一優先にしてくれる人となれば、やはり現場を知り尽くした退職教員や退職校長が適任だといえる。そのような人材に支えられて顧問との良好な関係を保っている事例もあるため、行政サイドで元学校関係者の人材派遣システムを立ち上げる必要があるだろう。

また、顧問主導を維持しながら支援がほしい部分に近隣の大学サークルに所属するボランティア学生に来てもらったり、保護者で元選手だった方に個別の指導で入ってもらったりする例もある。あるいは、マネージャーとして委託する、審判として関わってもらうなどの役割分担的な活用もあるだろう。顧問がどのような支援を依頼したいのか、またどのような支援だったら運営がスムーズに行われるのかについて、策を練ることが重要であり、丸投げやお任せ、中途半端な依頼の仕方では、子どもにとって不幸であるという意識をもって、きめ細やかな解決策を講じることが重要である。

5 校長の柔軟性と原則―現実を見て、しなやかに貫く

部活動の顧問は、「校長が頭を下げて、やってくれる教員にお願いするという原理原則がある」とはよく言われることである。そういわれる所以は次のように解釈されている。そもそも教育課程外の業務であること、低い額の特別勤務手当の対象であり、ほとんどがボランティア活動に近い設定であること、平日の遅い帰宅はあたりまえ、土日の試合引率や練習で家にいる時間もないという状況を生むことを、承知していながら勤務させるということ、そうした犠牲を前提とした活動であるが故に、「頭を下げてお願いす

る」という言い方になったとの解釈である。

しかし、この文言は対外的な主義主張として、保護者や地域といった外部環境に向けての発信が主たる目的であるとも言えよう。部活動が学校の教育活動としての職務のひとつと考えられていることもあり、大会遠征に向けた指導の強化や練習メニューへの要求が高まりすぎ、「公教育における部活動の範囲を越えている」また、「多様なリクエストが顧問への過重労働を強いている」、という部活動の抑止派を生んでいる。また、その一方で「大会を目指して何が悪いのか」、「生徒自身が目標を定めモチベーションを高めながら先輩後輩が一緒になって苦楽を共にし、社会に出た時にチームで動ける力や苦難を乗り越える力を学生時代に培っておくことが必要だ」とする体育会系賛成派の意見がある。この二極化の混在が、現状の部活動をより困難な状態にしているのである。

しかし、本当にアスリート教育を求めて世界で活躍する選手を養成したいと考えている家庭では、そのほとんどが学校教育にそれを求めない。公立学校に所属する生徒で、フィギアスケート、ヨット、空手といった中体連の種目にない競技を目指す子どもをもつ家庭では、幼少期から専門のコーチをつけ個別に練習を行っている。そのような教育課程外の功績を広く認めるために、行政単位（区役所や教育委員会表彰など）で表彰制度を設けているケースもある。

子どもの活躍を学校の部活動という単位ではなく、個人の成果として認める風潮が広がりつつある。そのため、これからは「どこに所属させるのか」といったすみわけが保護者に求められてくるだろうし、アスリートの養成モデルを制度化するなど、整備していく必要があるだろう。

たとえば、実績を有している道場やスイミングスクール等に通いながら部活動にも入部するとなると、生徒は学校外の活動と部活動を両立させることとなり、かなりハードな生活を強いられる。電車の中でテスト対策を行ったり、学校の休み時間に宿題を終わらせたりという時間の有効活用を行う例もあり、見かねた顧問が試験前に部員を集めて勉強会を開くなどの笑えない話も事実あるのが現状である。

こうした外の団体に所属している生徒が学校の部活動に入部している第一の理由は、中体連主催の試合に参加する資格を得るためである。であるならば、練習や試合の引率を道場のコーチで担い、教員が関わらないやり方も制度として検討していく必要がある。外部指導者の単独引率に関しては、部活動指導員の制度化など新たな流れも生まれており、今後の動向に注目していきたい。

また、学校で行う部活動のレベルをどこのラインまでもっていくのか、地域性や学校の特色を生かしつつ、「うちの学校はこれで行く」という明確なスタンスを学校独自に立てておく必要があるだろう。どうしても顧問ありきの運営に頼っていると、顧問の異動により存続が難しくなったり、スポーツを楽しめる程度でよいと思って入部したのに、不幸にも「こんな過酷な練習を強いる部活動だったのか」と退部を余儀なくされたりする事例も発生しているからである。

では、生涯にわたってスポーツや文化を楽しむ態度を養い、生徒の健やかな体と豊かな心を育てながら、家庭や地域とのつながりを強める部活動を推進していくにはどのような考えが必要なのだろうか。21世紀型部活動として、どの生徒も楽しめる部活動の在り方、即ち「ホワイト部活動」の提言を次に述べる。

6 活動の展開事例―学校ベースも可能だが、教育委員会こそリーダーに

横浜市では、「『横浜の部活動』～部活動の指針～[1]」をまとめ、その改訂版を平成27年3月に発表している。その中には工夫された事例も含まれ、多様な視点が盛り込まれている。

その冊子にまとめられた部活動の現状と課題は次の通りである。

○部活動は生徒が豊かな学校生活を送る上で大きな意義を果たしている
○部活動が学校教育において果たす役割は大きい
○生徒数減少に伴う部員（部活）数の減少
○学校規模縮小による顧問数の減少
○生徒・保護者の多様な要望への対応
○部活動における安全対策への対応
○競技（指導）経験の浅い教職員の指導への不安
○教職員の校務の多忙化に伴う部活動指導時間の減少
○顧問の負担感の格差
○外部指導者や外部機関の効果的な活用

○活動場所の不足
○体罰等の根絶
○顧問の処遇改善

これらの課題にどのような解決策を立てたらよいかについては、特色ある横浜の部活動として「進取の精神」と「多様性を認める柔軟さ」が掲げられている。部活動の改善策に関して、「生徒が参加しやすい学校の実態に応じた実施形態の工夫や、横浜の地域資源（関係団体、人材、施設等）を積極的に活用する」としながら、実施件数を少しずつ増やしているのが現状である。

ここでは本書のヒントとなる考え方を、横浜の指針から引用し考察していくことにする。

特色ある横浜の部活動

ア　学校の実態に応じた柔軟な実施形態の工夫

◆「機会保障」「質向上」「負担軽減」

〈設置の工夫例〉合同部活動[2]、総合部活動[3]、兼部（シーズン制）[4]、競技志向と交流志向の併設等[5]

〈活動の工夫例〉活動日・活動時間、部活ノーデーの適切な設定、一斉練習と自主練習の効果的な活用[6]、部活動への多様な参加の仕方（コーチ、審判、マネージャー等）[7]、女子の運動機会の創出[8]、小中連携した活動[9]等

イ　横浜の地域資源の積極的な活用

◆「機会保障」「質向上」「指導力向上」「負担軽減」

・専門家（有資格者、地域シニア、教員ＯＢ等）のマッチングシステムの検討

・地域関係団体との連携推進：指導者や研修講師の派遣、活動場所等の提供

※連携先：市体協、文化団体、大学、企業、文化・スポーツクラブ、学校運営協議会等

ウ　科学的・分析的な根拠に基づく効果的（効率的）な指導の推進

◆「質向上」「指導力向上」

・横浜市スポーツ医科学センター等の専門機関、関係団体との連携

・生徒の心身のバランスを重視した指導の充実

エ　生徒の自主性・自発性を尊重するなど、指導観の転換による体罰等の根絶

◆「質向上」「指導力向上」

・中体連、校長会等と連携した取組（研修の実施等）

オ　教職員の負担軽減に配慮した取組

◆「負担軽減」

・外部指導者の活用、負担軽減の学校体制づくり、バランスの良い活動

カ 中期的な取組：活動環境の整備に向けた検討

◆「負担軽減」
・部活動運営の諸問題への支援、顧問の処遇の検討

以上の提案（指針の一部を抜粋）の中で、特に傍線を引いた部分は、「ホワイト部活動」にとって鍵となるポイントである。そこで、ホワイト部活動が目指す改善ポイントを次に掲げてみた。

①学校内に多様な部活動を設置する

「兼部」や「競技志向と交流志向の併設」などはこれまでの部活動の概念にはなかった分野であり、このような多様な部が増えていくことにより、一歩ずつ部活動の在り方が改善されていくことになるだろう。

②活動の内容に新しい視点を盛り込む

「一斉練習と自主練習の効果的な活用」では、一斉練習を顧問が担当し、自主練習をコーチが担当するなどの工夫もあるだろう。また、小学校のクラブと中学校の部活動が合同練習をする機会なども増えると9年間を通した連携が進むことにもなる。

③学校側が求める要望に合った外部指導者の提供

マッチングシステムの検討においては、学校が求める外部指導者として適切な人材を派遣できるような顧問ヒアリングや事前派遣を設けるなどの工夫があるとなおよい。

④スポーツ医科学センターや関係団体との連携

競技経験の浅い教職員の指導に対する不安を払しょくするためにも、専門家のアドバイスは指導上の根拠となる。長時間練習すれば強くなれるなどの誤った考え方をなくすためにも、専門家と連携した研修や部活動中の事故やけがなどのテーマで学校保健委員会との接続などが図れる可能性もある。

⑤生徒が主役の部活動への〝観〟の転換

教員や管理職の問題として、体罰の反省に基づきこれからの時代の部活動に向けた研修を設定する必要があるだろう。残念ながら教育課程外の位置づけである部活動関連の研修は今のところ見当たらない。教員の意識を変える機会が増えることで多様な部活動への抵抗感も徐々に減っていくことだろう。

以上、横浜市教育委員会が進めているプランを手がかりに、ホワイト部活動が目指す方向を考察してきた。谷口（2014）の指摘にもあるように、教員文化は新しいことに取り組むよりも、決められたことをこなすほうが得意という教員インタビューで語られた本音が、改革を阻んでいるということは事実であろう。しかし、ホワイト部活動が目指す多様な部活動の在り方を掲げ、我が国のこれまでの部活動の在り方を改善しつつ、子どもが自主的に参加できる部活動を構築してくことは我々の喫緊の課題でもある。

これからの部活動に必要なことは、顧問自身が部活動に対する〝観〟を転換し、外部指導者を効率よく活用したり、多様な部のあり方を工夫したりしながら生徒や保護者とのコミュニケーションを高め、部活動のマネジメント力を向上させていくことである。

7 顧問制度―「時間の縮減」「シーズン制」という逆転の発想

部活動の活動時間については学校によって多少の差はあるものの、概ね日照時間の関係で、夏時間、冬時間等を設け30分から1時間半程度の終了時間の差をつけている場合が多い。その年間スケジュールで活動時間を割り出し、集中的に練習する期間とオフの期間を定めている学校もあるが、種目や練習方法の違いによりすべての部が効率よく時間短縮できるとは限らない。年間の試合日程が定められているため、その試合の結果次第で勝ち進めば練習はずっと続く。従って、夏の大会の試合終了となる8月末までの期間を、4月の新入部員の確定した時期からどのように計画し、どのような練習日程を組んでいくのかは、継続化・効率化という視点で組み直してみる必要があるだろう。種目によっては、秋の大会や正月明けの試合を抱えている部もあり、結局は年中部活動といった悪循環を引き起こす。しかし、ここで大事な視点は「うちの部の場合には」という部の特殊性をもっと意識する視点である。熱血教師はオフの練習計画が苦手である。最近では、ひたすら精神論を振りかざす指導者も見られなくなったが、スポーツ医学の立場から長時間の練習計画が招く事故やけがの研究をベースに時間効率をはかった時短メニューの実施、どのような練習の流れが技能の向上につながるのかといった内容の精選を図る必要性が求められている。プロの練習方法から中学生にも応用できるものを積極的に取り入れていく姿勢も大切であるといえる。

A中学校では、部活動顧問間で年間スケジュールを確認し合い、保護者会での承認を経て、季節によってはかなりの時間短縮を図っている。「どれだけ練習時間が獲得できるか」という視点から「どれだけ練習時間を減らせるか」という逆転の発想である。練習時間を増やせば、試合に勝てるのだろうか。練習時間を減らしても勝てる方法があるという継続化・効率化の観点から、顧問がこれまでの練習時間を積極的に見直していくことが必要である。部活動がないと子どもが悪い遊びに走るから拘束しておいた方が都合がよいという80年代の時代は終わった。これからの部活動は、トップシーズンに集中的に練習する、その際、外部指導者のアスリートを呼んで補強的にコーチングをしてもらうなど、いかに子どもの負担を減らして運営していくかといった、部活動効率化の発想を取り入れていく必要があるだろう。

8 学校改革との連動

これまでの勝利主義に走る部活動は、様々な功績も残してきたが、逆に様々な痕跡も残してきた。生徒にも保護者にも、指導する教員側にも多様な考え方が広がり、働き方改革の流れも受けて、部活動の運営を変えざるを得ない状況を生んだ。

学校改革として部活動を新たに位置づけることは、すなわち校長のリーダーシップによる学校経営にどのように位置づけていくのかが問われることでもある。学校にも様々な地域性があり、全国大会を目指すブランド力を発揮する学校もあれば、スポーツを楽しむ部活動を推奨している学校、地域との連携を特色としている学校など、その取組は様々である。

「どのような大会実績をあげたか」ではなく、「どのような活動が生徒のやりがいを生んだか」に力点が置かれるようになると、本当の意味での学校改革につながっていく。言い換えるならば、表面的な結果主義から内面的な価値へのパラダイムシフトが可能となるのである。学校が目指す教育の目的は、学校教育目標の達成でありその主役は生徒自身である。生徒のために何ができるか、部活動を切り口として今一度考え直してみる必要があるだろう。多様な部活動が、多様な子どもたちに生きがいややりがいを生み、新たな学校改革につながっていくのである。

9 21世紀型部活動―ニーズと柔軟性

21世紀は「部活動多様性の時代」に突入したといってもよいだろう。部活動の在り方そのものを見直し、生徒が取り組みたいと思う多様な活動を保障する新たな部を学校に設置する必要が出てきている。これまでの部活動の在り方を改め、21世紀型部活動へ転換するための見直しを次の観点からまとめてみた。

①部活動の形態の見直し

○文化部、運動部という2領域ではなく、委員会活動で行っていた活動領域を部活動にあてはめてみると様々な展開が予想される。たとえば放送部（委員会）、飼育部（委員会）、福祉部（委員会）、安全部（委員会）などである。福祉や安全などに関しては、地域の福祉活動や地域防災とつながり、生徒の力が活かせる場面への広がりが期待される。このような部の形態、部の種類を見直していくことで社会のニーズに対応できる部活動が形成されていくこととなるだろう。

②設置の柔軟性を考慮する見直し

○合同部活動→他校との連合体であるため、○○学校から△△チームという組み方となる。

○総合部活動→複数の目的を総合した部であるため、総合運動部がトレーニングや保健安全に関する研究を行うなど、活動内容が多領域にわたる。

③入部の条件に関する見直し

○一つの部に入らなければならないという条件を外し、兼部が可能な部と3年間一つの部に絞る加入を要する部とが併設される。

○兼部は、可能な部の中で運動部と運動部、運動部と文化部、運動部あるいは文化部と地域活動などの課外活動との兼ね合いが可能なもの。また、シーズンで替えることが可能な設定とするなど。

④同一種目の併設に関する見直し

○同一種目において、技能（競技力）向上を目指すグループと、楽しんで活動するグループを併設する。

⑤部活動の練習時間の見直し

○練習時間の設定を、シーズンで分ける。

○一斉練習と自主練習に分け、自主練習を自分のペースに合わせて設定できる柔軟さを持たせる。

⑥部活動の指導者の見直し

○専門家として有資格者、地域シニア、教員ＯＢ等の人材を活用し、大学や企業、スポーツクラブと連携した派遣制度を利用する。

⑦新たなチャレンジ領域の見直し

○女子の運動機会の創出→野球やサッカーなどの試合の保障、中体連の規約改正など。

○小学校のクラブ活動や特別クラブ活動と連携した活動として、中学生が小学校で合同クラブ活動を行う、あるいは小学生が中学校へ行き合同クラブ活動を行うなど。

以上のように、生徒のニーズに応える部活動の在り方を柔軟に検討してく必要があるだろう。21世紀型部活動は、多様性にともなう「人と人とのつながり」がキーワードである。

10 教育委員会と中体連が変わるとき─少子化時代の部活動と近代路線の超克

神奈川県中体連規定によると、少子化による他校との合同チームが大会出場に認められるようになった。また、横浜市立中学校体育連盟野球専門部の強化育成の一環事業として2011年にスタートした女子野球は、全国初の市町村単位での女子野球チームとして文部科学省から運動部活動地域連携再構築事業に指定を受け、活動3年目には公式大会に出場することができるようになっている。

このように、少子化時代においては学校単位の部活動では参加ができなくなり、クラブチームや合同チームによる大会参加が認められるようにならないと大会そのものの存続が危ぶまれるようになってきたのである。部活動の在り方が、これからは地域の所属チームや複数の学校による合同部活動になっていく傾向にあり、大会規約の変更や全国の中体連の条件整備を進めないことには、チーム進出に関する不平等が起こりかねない状況が生じている。

11 熱血教員のやりがい主義から生徒中心へ

部活動顧問は、初めからその種目で優れた実績がある、学生時代に選手だったというケースばかりではなく、初めて部を持たされ、顧問のうま味を知ってしまいやめられなくなるというケースがある。特に若手教員が、自分の指導で子どもが変わり、保護者から感謝の手紙をもらうといったような事例の場合、「自分がやらなければ」といった使命感に燃えてしまい、授業や子どもの委員会活動といった学校の教育活動よりも部を優先してしまう場合がある。授業の力量と違い運動系部活動の場合には実績が見えやすく、勝ち進むたびにそれは顧問の実績につながり、部のモチベーションも上がる。その結果、ますます部の練習メニューやメンバー構成が勝利主義に偏り、顧問の方針やハードな練習についていけない生徒は退部する、あるいは退部させられるといった結末を迎えることになる。

このハードな期間に、友人同士の支え合いや保護者の強い要望によるフォローがある場合には、苦しいことも乗り越える強い意志、自己実現、文武両道といった人間としての高い価値を目指し乗り切ることができる。しかし、そうでないケースの場合には、負け組のレッテルを貼られ、できない自分、やれない自分といった後ろ向きの気持ちが形成され生徒の自己肯定感は低くなる。ここで注意すべきことは、顧問がそのような生徒に対して手厚い支援を行うことが難しいという制度上の問題である。

部活動の位置づけが周知の通り、教育課程外であり、強制ではなく生徒の意志で入部するもの、顧問がいわばボランティアとして指導しているものであることを念頭に置く必要がある。そのため、続けるのもやめるのも子どもの自由であり、やめたことに対してその子どもがどう受け取られるかということが学校生活に影響を及ぼさない運営、つまり子どもの自由裁量権が保障され尊重される柔軟な思考を、顧問も保護者も再認識する必要があるだろう。

そもそも部活動は最初からそのような位置づけにあるものであり、指導者にはその制度上の距離感を意識しつつ、どのような生徒にも「その子らしさ」を認めながら対応しているはずである。指導者と生徒の信頼関係の上に成立する部活動とは、一面的な保護者の考えに左右されたり、子どものためにという顧問の行き過ぎた指導に偏ったりするものではなく、客観的な立場で「この部はこのような方針で運営します。それでよければ入部してください。」という生徒、顧問の双方の了解関係の基に成立するものである。そのために仮入部期間が設定され、担任や保護者と相談しての入部となり、決断には自分の意志が反映されているはずなのであるが、トラブルになるとすればそれは顧問の説明不足か生徒の思い違いによるもの、あるいは入部後に形成された人間関係といったしがらみに左右された結果であろう。

さらに、顧問が行き過ぎた指導を行う場合においては、保護者会や部活動顧問会、部の運営に責任を持つ管理職による「それは学校の部活動としてやりすぎではないか。」といったジャッジが入るはずであり、それがないということが部の密室性を助長させ、様々な問題の引き金となるのである。

部活動を、学校という組織で行っている以上、主役は生徒である。困難な練習メニューであっても部員の総意によって成り立つメニューであれば、それは支え合う活動となり心身の成長に大いに役立つ。しかし、そうでない場合においては、スポイルされる生徒を生み、生徒本人・保護者に認識のずれを生じさせ、その結果子どもを苦境に立たせることになるだろう。

ここでもう一度、部活動成立の要件を確認しておきたい。部活動は生徒の自主的・自発的な参加により行われる活動であり、「活動したい生徒」「活動できる時間」「指導する顧問」の要件が満たされることにより成立する。

したがって、部の運営に関しては年度初めのスタート時に、指導する顧問が学校や部の方針を示しつつも経過を見ながら対応し、多様な意見や考えを調整したり、折り合いをつけたりしながら、活動したい生徒の自主性が高まるように取り組んでいかなければならない。そうした柔軟な姿勢が今、学校に求められているのである。

12 必要な「生徒の自治」

学校における部活動の在り方をめぐっては、生徒が何を求めているのかが多様化しており、その折り合いをつけることが難しい。いわゆる「スポーツに親しむ」べきか「勝利を目指す」べきかの二極論である。この場合、どちらを目指すかということは根本的な解決にはならない。そこで注目したいのが、各中学校の特色である。公立中学校の場合、複数の部活動が集まって○○中学校部活動規約をつくっており、ある程度の統一性を図っている。従って一部の部活動だけがルールをやぶって逸脱したスポーツ選手養成を目指すことは起こらず、そもそうした子どもたちは部活動には入らない。両立を目指す子どもたちの場合はどうかというと、道場やスクールといった外部団体と部活動を両立させながら器用に生活している。外部で指導してもらうことと、学校でできる範囲の中で指導してもらうことを了解しているのである。学校の顧問と外部団体の代表が試合に引率するような場合には、顧問とコーチが互いに敬意を払い、どのような場面で主導権を握るかというお互いの領域を守っているのである。

どのような部活動を目指すのかは、地域性や学校の伝統によって違いはあるが、問題化する場合もある。それは、調整がきく外部団体や調整力のある有能な教員ばかりとは限らないため、領分を見誤った負担の不都合が生じたり、外部団体の所属の有無により生徒に能力差が生じ、部員間での亀裂に発展したりするようなケースである。学校における部活動は、教育課程外の活動であるが、あくまでも学校の教育活動であるため、外部との細かい調整や部員の生徒指導等も含め、すべて顧問の折衝力や交渉力、課題解決能力といった手腕に委ねられる。教員の経験が少ない若手や、部の専門知識のない教員がそれを完璧にこなすことは不可能であり、その結果、子どもを苦境に立たせることになる。そのような状況では、部活動そのものが「生徒の自治」からは遠い存在となるだけであり、「生徒の自主的、自発的な参加により行われる部活動」とは何か、もう一度原点に戻って考える必要があるだろう。

13 クラブ（club）の原点にさかのぼる

イギリスでは、一つのクラブに限定せず子どもたちが自主的にやりたいと思うクラブを複数経験することができるという。日本の部活動の形態があちこちの部活動をさまようことを防ぎ、後悔しないように仮入部期間を設け、決断したら最後まで一つの部に3年間所属して結果を出すというのとは大きくかけ離れている。もともとクラブとは、生徒のニーズに応じて様々な活動が体験できる、多くの生徒が関わることができる柔軟な活動であり、生徒の豊かな経験を広げることが目的であったはずである。ところが日本型の部活動が生まれ、苦しい練習の向こうにある強い精神と肉体を鍛えることに目的がすり替わったのである。

時代は多様化に向かっている。部活動の位置づけに関しても柔軟な対応を図っていかないと、少子化時代に生きのびる部活動の危機的な状況を打開することはできないだろう。

しかし、少数派ではあるが少しずつ生徒の自治活動に近い新しい部も生まれている。そのような事例を通して、部活動の位置づけの再検討を試みたい。

横浜の事例①【特別合唱部】〈運動部と文化部の連携〉

合唱部は女子が大半で男子部員は6名しかいません。しかし、主要なコンクールには混声合唱で出場するため、昼休みのみ練習を行う「特別合唱部」を運動部の生徒を中心に組織し、その応援を得て活動しています。地域のコンサートなどでは合唱部のみで演奏することも多く、明るく響きのある発声を心がけて努力してきました。特別合唱部は、校内の合唱活動を盛り上げるために、そのリーダーとして育成している集団ですが、年々メンバーが増え、今年度は合唱部員も含めて約80名にもなりました。コンクールへの参加を重ねる度に、一人ひとりの合唱に対する心構えも違ってきました。今年度は合唱部のリードで、呼吸法や腹筋の使い方、フェイス・トレーニング等、特に真剣に取り組んでいました。また、曲のイメージのつかみ方もうまくなってきたようです。そうした地道な努力の積み重ねが大きな大会での入賞の原動力になったと思っています。本校は全校生徒による合唱活動を大きな特色としており、月に2回ほど生徒全員で取り組む合唱集会を行っています。合唱部・特別合唱部はその中心的存在としてのプライドをもって活動しています。

「横浜の部活動」～部活動の指針～コラム2より引用

上記のようなケースは、時期的にコンクール前に編成される特別合唱部の形態、部員数の減少に伴う合唱部存続の解決策として成功している事例だろう。また、全校生徒による合唱が学校の特色として位置づけられていることも成功に導く要因である。全校合唱が学校経営に活かされている事例であるともいえよう。

14 皆が参加できる部活動―学校がまず変わって地域とつながる

横浜の事例② 【ボランティア活動部】〈多様な活動を総合した部活動&複数所属〉

ボランティア活動部はより多くの生徒が活動できるように、部活動の掛け持ち（兼部）が可能な部活動です。もちろん、「ボランティア活動部」に専念しても構いません。任意の登録は年々増え、現在は全校の約3割の生徒が加入しています。地域の祭礼や清掃活動、高齢者支援、防災訓練など、地域ケアプラザがリスト化した活動に生徒がエントリーします。活動参加者には、登録証の裏面のスタンプカードに共通のスタンプが押されますが、最高の贈り物は地域の方からの「ありがとう」の言葉です。お互いを大切にする心を醸成します。

「横浜の部活動」～部活動の指針～コラム1より引用

このようなボランティア活動は、生徒の自主的な活動であり、主催は行政であったり、生徒の自治活動であったりする。このような部活動を学校の部活動として保障する新たな位置づけが重要である。部活動はある一定の同じ目的を持つ部員が集まって、同好会から部活動への道筋をたどりながら認められたもの、というのが一般的な解釈であるが、多様な活動が子どもの成長を支えていく時代には、新たな部活動を設置する意味においても注目すべき取組だといえよう。これまでは福祉委員会といった委員会活動（特別活動）の扱いをしていた学校でも、それらを部活動として位置づけてみると、これからの学校の部活動の在り方に変化と広がりを生む契機となるだろう。地域とのつながりは、このような地域からの要請を接点とする活動から深まっていく。身近なことから人とのつながりが形成されていくことで、子どもの意識が変わり、学校が変わり、地域が変わっていく。

以上、部活動の多様性という視点で様々な取組を考察してきた。学校教育における新たな部活動の定着はまだまだ厳しい状況にあるが、学校が工夫し、一歩一歩改善の努力を積み重ねていくことで変わっていくだろう。それには何よりも子どものためということを忘れてならない。

【注釈】

1）横浜市教育委員会『横浜の部活動～部活動の指針～』【改訂版】平成27年3月、平成26年度「横浜の部活動の在り方」に関するプロジェクト【初版】（平成22年3月発行）策定協力】部活動指針策定委員会、横浜市立中学校・部活動顧問の先生方、横浜市立中学校体育連盟、横浜市立高等学校体育研究会、神奈川県高等学校体育連盟

2）少人数チームを合同した部活動（合同部活動）：チームで活動する部活動において、1校だけでは部員数が少なく、活動に支障がある場合、近隣校と合同（連携）して活動を行う。（合同チームでの大会参加）※県中体連規定参照

3）複数の目的を総合した部活動（総合部活動）※参照：コラム1・環境部（科学、野外活動）、ボランティア部（社会貢献、レクリエーション）、芸術部（美術、音楽、ダンス）、総合運動部（トレーニング、保健研究）など

4）各種活動が連携した部活動（兼部、シーズン制）※参照：コラム2・運動部と運動部、運動部と文化部、委員会と部活動、部活動と地域クラブなど

5) 競技志向と交流志向の併設：同一種目において、技能（競技力）向上を目指すグループ（部活動）と、楽しんで活動するグループ（部活動）を併設。部員数の増加も期待。交流を主な目的とした部活動：交流を主目的として、活動日を週1～2日、活動時間も短めに設定した、継続的な活動を行う部活動の設置

6) 一斉練習と自主練習を効果的に取り入れた活動：一斉練習を週数回に設定し、それ以外は各自の目的とペースに合わせて、計画的に自主練習を行う。

7) 多様な参加の仕方を工夫した活動：プレーヤーとしての活動と併せて、コーチ、審判（審査員）、マネージャー等の役割を取り入れ、経験することにより、部活動への関わり方が多様になり、活動に広がりと深まりが期待される。期待される効果としては、次のことが考えられる。コーチ：技能の要点整理、審判：活動（競技）特性の深まり等

8) 女子の運動機会の創出：体力向上の視点から、「女子の運動離れ」が課題とされて、女子の運動機会の創出が求められている。女子部員の多い文化部における運動も、活動の活性化効果が期待される。

9) 小中学校の連携を図った活動：中学生が小学校を訪問したり、小学生が中学校に来校したり、体験的な活動や継続的な活動、小学校の特別クラブとの連携など、部活動を通して小中連携の充実を図る。

【文献】

谷口勇一「部活動と総合型地域スポーツクラブの関係構築動向をめぐる批判的検討：『失敗事例』からみえてきた教員文化の諸相をもとに」『体育学研究』59巻2号、2014年、559—576頁

ポイント

1 部活動改革は、全教職員の合意形成を基に、一歩一歩進めることによって成功する。

2 部活動マネジメントは、顧問一人ひとりの声を聴くことから始まる。

3 生徒主体の多様な部活動を設置できる学校に変わろう。

おわりに

(1) 働き方改革の必要性

筆者は大学生の時、オーストラリアにホームステイした経験がある。1992年のことである。その時、向かいの家の子ども（小1と小4）と遊ぶことが多かったが、母親は午後4時頃までには帰宅していた。母親は公立ハイスクールの数学の教師で教科書も執筆しており、後に小学校の校長になった。父親は日本で言う農林水産省の役人であったが、やはり、毎日、午後5時半頃には帰宅していた。自動車通勤で勤務先が至近距離であることも関係していただろうが、日本との差におどろいた。

オーストラリアの教師には部活動の指導は無く、清掃も企業委託のため、清掃指導もない。公立ハイスクールで授業を見学した時のことである。午後の最後の授業が終わった後、生徒が机を後ろに移動した。誰が掃除をするのかと思ってみていたら、次々に帰ってしまう。最後の一人をつかまえて「誰が掃除をするのですか」と聞いたところ、「知らないです」という答えが返ってきた。職員室にもどり、教師に聞くと、「業者が掃除をしている」との答えが返ってきた。オーストラリアでは掃除は教育の一環ではないのである。

オーストラリアでは、教育省を数回訪問する機会にも恵まれた。卒業論文の調査として、教育課程課長にも聞き取りをさせていただき、たくさんの資料を提供いただいた。教育課程課長は、午前8時に出勤し、午後6時に毎日帰宅しているようだった。その他の職員は午後5時前後には帰宅してしまう。日本の省庁や教育委員会と違い過ぎる。なぜ、これが可能なのか。その謎が解けたのは、官僚の人に「政治家も夕方には家に帰るからね。夜は誰もいないから仕事にならないよ。そもそも夜に仕事の電話をするのはマナー違反だよ。」と言われた時である。「夜電話して仕事を頼む上司はいないのか。」と聞くと、「そんな人がいたら、嫌われて、誰からも相手にされないでしょう。」と笑われた。

　朝起きて職場（学校）に行って、夕方に帰宅する。管理職であっても午後6時には帰宅する。夜は家庭で過ごす。この当たり前のことを、世の中の全員が行うから、自然に成り立つのだ。全員が夜は家に帰っても、別に問題は無い。日本と同じように、オーストラリアの子どもたちは学校で学んでいる。行政運営も経済活動も行われている。メリットだってある。オーストラリアの教師には、カリキュラム開発、教材研究を行う時間が十分にあるため、授業では創意工夫が施された実践が展開されている。たしかに、１９９０（平成2）年頃までは日本の経済力が強かったから、「オーストラリアはのんびりしていて過ごしやすいかもしれないけど、経済が弱いね。」の一言で済んだ。ところが今はどうか。日本とオーストラリアは経済面や生活水準で立場が逆転している。２０００年代以降の経済成長で、オーストラリアは所得と物価が2～3倍に上昇した。一方、日本は長時間労働で低経済成長である。日本の長時間労働が少子化の背景の一つであることを否定する人はいないだろう。

　折しも、産業構造が変化し、新しいアイデアの創出や不断の学び直しが要請されるようになった。そして、多様な人々が仕事に従事することによって、新しい価値をつくることが求められるようになった。いずれも、長時間労働では阻害されてしまう。この点、中原淳は、イノベーションを起こすためには、「「異質なもの」との出会い」「世の中に対する高いアンテナ」（中原2018：46）が必要であり、「いくら残業をしたからといって、良いアイデアが頭に浮かぶわけではありせん」（46）と指摘している。つまり、日本の長時間労働は現在の産業構造とも適合していない。日本の技術革新の遅れや新製品の開発で立ち遅れている要因の一つに長時間労働がある。研究の危機も国立大学法人人件費の圧縮に起因している（豊田2019：204-206）。

教育界においても、教師の多忙さは極限にまで達している。イノベーションどころではない。これでは、教師が授業の準備、教材の研究、新しいアイデアの創出に充分時間をとれなくなってしまう。若手教師が増加しているが、若手教師の職能成長のための研修、研鑽の時間は充分とれない。若手教師はいつ成長できるのか。今後、学校教育の質が維持されるのか疑問が残る。これまでは、団塊の世代やその下の世代の教師が若い頃に培った授業力で、授業や学級経営を何とかうまくやってきた。しかし、その世代は退職しつつある。今後中核を担う若手教師の成長のためにも、教師の働き方の見直しは緊急課題である。

日本の児童生徒も、一日中忙しい。部活動、塾、習い事が続く。「何かをしている」のが子どもにとって普通になっている。だが、それはクリエイティブな日常なのか。「何か決められたことをしている」子どもを見て、保護者も安心している。その結果、子どもたちは、長時間の学習や活動に慣れて、やがて成人する。長時間の活動に慣れた人々が、企業や役所に採用され、再び、長時間労働にはまっていく。部活動は長時間労働の文化の再生産を促している。日本社会全体で、働き方改革を行う必要がある。「平日は、朝出勤して、夕方に帰宅する。夜は家庭で過ごす。土日は休む。」この当たり前のことが実現する世の中は日本に来るのだろうか。

(2) ホワイト部活動のすすめ

このような状況の中、2019(平成31)年1月25日に中央教育審議会答申「新しい時代の教育に向けた持続可能な学校指導・運営体制の構築のための学校における働き方改革に関する総合的な方策について」が出された。この答申では、時間外勤務の上限を月45時間とするガイドラインとした。そして、部活動が法令上の業務ではないことを確認し、部活動指導なども勤務時間に入れるように方向性を示した。各自治体が規則や条例を定めて、時間外勤務の上限の実現を図るようであるが、罰則は設けられない。

このような答申の方向性には賛同するが、いくつかの疑問はある。第一に、教職員定数の充実が必要ではないか。第二に、一人当たりの持ちコマ数の削減・抑制が必要ではないか(妹尾2018)。第三に、公立の義務教育諸学校等の教育職員の給与等に関する特別措置法(給特法)では「教職調整額」が基本給の4%となっているが、残業代を支払う仕組みに変更する必要はないか。これらは、検討されるべき点であるが、財源が無いという現実の前に、今回の答申では具現化されなかった。そして、時間外勤務の上限のガイドライン設定が決められた。だが、「持ち帰り仕事の増加」につながるなど、実現性が不透明である。それとも、時間がある程度経つと、皆でガイドラインをこっそり無視するようになってしまうのか。

働き方改革を進めるためには、学校現場における様々な工夫が必要になる。行事の精選・時間短縮、事務処理の効率化、専門スタッフへの分担などは必要である。特に部活動は中学校、高等学校で最も大きな時間を占めている。部活動の改革は不可欠である。財源論を前に具体的な教職員定数の増加が見込めない中、教師の仕事の総量を削減することが不可欠である。その最も重要な対象は、部活動である。そこで、本書では、部活動のスリム化を目指す立場から、ホワイト部活動をコンセプトとして提案した。ホワイト部活動とは、勝利主義ではなく、管理主義でもない。時間を適切に設定し、生徒の自治やニーズの多様性を尊重した部活動である。言い換えれば、生徒はもちろん顧問も参加しやすい部活動である。このような部活動をホワイト部活動と呼ぶ。

具体的には、朝練無し、平日の活動は一日2時間以内、休養日週2日以上、全国大会の見直し（内田 2017：208）を視野に入れている。この意味で、ホワイト部活動は、スポーツ庁「運動部活動の在り方に関する総合的なガイドライン」、文化庁「文化部活動の在り方に関する総合的なガイドライン」と方向性は同一であるが、以下の点を基本的な考え方とする。

○**ホワイト部活動は、部活動が教育課程外の活動であることを明確に認識し、部活動のスリム化と安全確保を目指す**——部活動は教育課程外の任意の活動である。にもかかわらず、多くの学校で全員顧問制がとられ、長い時間が費やされている。事故や怪我のリスクがあり、顧問の責任が問われた判例もある。保護者の経済的負担も部活動の種類によっては少なくない（2章）。つまり、部活動の現状は過剰になっている。これからの部活動は、活動時間と日数の削減が不可欠であり、生徒の安全が一層確保される必要がある。

○**ホワイト部活動は、部活動の負の側面を縮減するために、量だけでなく質にも留意し、「部活動が生徒のすべて」にならないようにする。生徒の楽しみや居場所確保をキーワードとして、「勉強が苦手でも学校に行きたい」という生徒の気持ちに応える**——部活動は、生徒の情熱的経験と成長という肯定的な

■おわりに

側面がある一方で、勝利主義、長時間の活動、疲弊する生徒と顧問、部内の人間関係に伴う悩み、退部者が後に抱える課題などの負の側面もある。負の側面を縮減するために、活動量の抑制だけでなく、質の確保が課題になる（3章）。

○ホワイト部活動は、部活動の志向性や空間の多様化を尊重し、「楽しむこと」「生徒同士の交流と人間的成長」を軸に再構成する――友達づくり、居場所づくりのための部活動の実践例はすでに蓄積されている。学校が地域のスポーツクラブと連携し、外部化を図る方策も行われてきた。「総合スポーツ同好会」「アクティブラーニング型サッカークラブ」「部活動のない学校」のような実践例もある（4章）。各自治体や学校の実情を考慮しながら、柔軟性と多様化を軸に部活動改革を進める必要がある。

○ホワイト部活動は、表面的な結果主義を越えて、生徒の内面的な価値を尊重する――学校現場では、校長を中心に、できることから改革を始める必要がある。部活動改革を進めるために、プロジェクトチームで合意形成を図る必要がある。合意形成のプロセスを大切にすることが、教職員を納得させる鍵である。部活動の安全を確保するために、医学的・科学的見地から、校長は、養護教諭のリーダーシップ発揮を促す必要がある。大会実績ではなく、生徒のやりがいの観点から、新しい部活動を構想する（5章）。部活動が思春期の生徒の発達を支えるものになっているか、教育委員会とも協力しながら、学校ベースで総点検する必要がある。

本項の最後に、部活動指導員について若干論じておきたい。２０１７（平成29）年に部活動指導員が制度化された。部活動指導員はホワイト部活動の実現に寄与するのか。２０１９（平成31）年1月の中教審答申でも、部活動は必ずしも教師が担う必要が無い業務であるとして、部活動指導員の活用を提言している。だが、地域によって部活動指導員を確保できないこともあるだろう。さらに、部活動における問題行動の指導の在り方が懸念される。近年の問題行動はＳＮＳ上で発生することも多いため、顧問の教師であっても把握が困難な場合がある。部活動指導員がこのような生徒指導上の問題まで把握し指導する力量があるのか。そもそも部活動指導員にそのような役割を担わせることができるのか。できないとすれば、どのように部活動における児童生徒の安全を確保するのか。部活動指導員が児童生徒に対して「教育的な配慮を伴う言動」が必ずできるのか。顧問の仕事をすべて部活動指導員に委託できるのか。部活動指導員をめぐる残された課題は多い。

２０１９年1月の中教審答申では、「教育委員会は、採用や人事配置等において、教師の部活動の指導力を過度に評価しないよう留意すべきである。」（中央教育審議会 2019：68）と述べている。これは適切な方向なので、実現が期待される。また、「一部の保護者による部活動への過度の期待等の認識を変えるため、入試における部活動に対する評価の在り方の見直し等も検討すべきである。」（68）との記載もある。入試をめぐる問題は影響力が大きいため、部活動を本人の成果の一つの側面として、その他の成果等と合わせて評価するなど、工夫を凝らした段階的な移行が望まれる。そのためにも、教育委員会で慎重に検討する必要があるだろう。

(3) ホワイト部活動から学校変革へ

部活動改革は学校変革の入口である。日本の学校教育は、精神主義（根性主義）、総量主義（活動量や

■おわりに

内容が多ければ良い、時間が長い方が良いという考え方)、競争主義、教師中心主義の様相が強い。これは近代主義の発想である。これまでの部活動は、基本的に近代主義の考え方をベースにしている。4章で論及されている部活動改革の事例や「部活動のない学校」の事例は、既存の部活動の問題点を乗り越えるものである。部活動改革では、適切な活動量を設定し、生徒の自治や楽しみを尊重する必要がある。この観点から、5章で報告された校長のマネジメントは優れた実践と言えよう。部活動改革で、生徒の楽しみと居場所を尊重する価値と文化を形成できたならば、次は、教育課程と授業を含む学校全体の変革を実現することが期待される。そのための視点として、本書の最後に三点を指摘しておきたい。

第一に、学校変革の前提として、学校教育全体の話になるが、学習指導要領の見直しが必要である。いわゆる「ゆとり教育」批判の再来を懸念し、2008(平成20)年改訂の学習指導要領及び2017(平成29)年改訂の学習指導要領では、授業時数の維持、増加、教育内容の高度化、教科書の頁数増加などが行われた。これは総量主義の発想である。授業時数の増加は、教員数が増加しないのならば、教師の仕事量の増加にもつながる。また、児童生徒にとっても、一つ一つの単元をじっくり学ぶことができず、細切れの学習になってしまう。

2017(平成29)年改訂の学習指導要領では、内容の習得とコンピテンシーの習得を同時に目指している。その結果、学習内容が高度化し、学力格差が拡大している。内容を精選し、調べ学習、探究学習を通して無理なくコンピテンシーの習得に辿りつけるように再設計されるべきである。その際の理念として、「共生と探究」があげられる。探究能力があっても他者を排除したり、追いやったりするようでは意味が無い。他者との共生、多様な価値観への寛容さを育成することが21世紀の教育課題である。「共生と探究」の観点から、単純な高度化主義を脱却し、学習指導要領を適正なものにすることが必要である。2020年度から新たに実施される大学入学共通テストも、すでに問題の難化・高度化が予想されているが、受験生にとって適切な水準となるように配慮されたい。

第二に、各学校では、部活動のスリム化によって生じた時間を活用して、教師は、授業研究、教材研究、カリキュラム開発に仕事の力点を置く必要がある。フィンランドでは、教師は研究者的な仕事であるため、人気がある。オーストラリアでも、教師は、カリキュラム開発の能力が優れている。これは教師の仕事が、研究的な仕事になっているからである。日本においても、授業研究、教材研究、カリキュラム開発を、教師の仕事の中軸に位置付けて、教師の仕事を変えて行く必要がある。

「部活動によって生徒が変わった」と言って満足している教師がいるが、再考を促したい。まず、部活動は教育課程外であり、学校の中核的な職務ではない。教師の中核的な職務は授業である。部活動はその競技等に関心がある生徒が集まっており、同質性が高い。そのような条件下で、生徒の成長に資する成果を出すことは、授業で成果を出すことと比べると難易度が低い。教師がすべきことは、「授業によって生徒が変わった」状況をつくりだすことである。そのためには、入念な準備と教材の研究が必要である。部活動の大会の結果ではなく、授業の技で磨き合う教師集団、学校文化をつくっていかなければならない。そのことは、教師の専門性の刷新にもつながる。教師の専門性のコアを、部活動ではなく、授業力、カリキュラム開発力に再定位する必要がある。

第三に、各学校では、学校変革のための校長のリーダーシップが必要である。校長は、児童生徒が卒業時に習得すべき能力と態度（3年後または6年後の未来像）を、同僚と相談して描く。その未来像、すな

■おわりに

わちビジョンに向かってどのようなカリキュラム、行事、研修が必要かを検討する必要がある。その際、学校における学力分布や生活習慣のデータの分布に留意し、学力の底上げを実現するために、どのような対策をとって行けるかを考える必要がある。これまで、日本の校長のリーダーシップは経験に依拠するところが大きかった。そして、人間関係づくりと交渉による仕事の推進が中心的であった。経験則と人間関係づくりは重要である。だが、今後は、経験を科学（データ）と結びつけ、児童生徒の可能性を最大限に伸ばすために、どのような創意工夫や手だて（補習、到達度別班編成、到達度別クラス編成、生活習慣の向上、家庭への啓発、分かる授業への教師集団での研究、困難を抱える子どもへの支援とケーススタディ）が必要かを検討することが求められる。

経験と科学を統合すれば、実態に対して適切な判断が生まれる。適切な判断の連続がリーダーシップに他ならない。これからの校長には、研究的・探究的な思考力が必要である。これを筆者はリサーチ・マインドと呼んでいる。リサーチ・マインドとは「なぜ」「どのように」「どうすれば」を軸として、実態、経験、データを照らし合わせる思考力である。校長のリサーチ・マインドは、教師の授業研究、教材研究と結びつき、授業の技を磨き合う学校をつくる。ホワイト部活動の実現をきっかけに、授業研究や教材研究が意欲的に行われる学校文化を形成しなければならない。研究を推進するための予算や教師を確保できるように、学校裁量を拡大することも必要である。学校をホワイトにすることはゴールではない。ホワイトな学校において、授業と教育課程を基盤に、よりよい実践を探究し、児童生徒の発達可能性を開花することが求められている。

【文献】

内田良『ブラック部活動―子どもと先生の苦しみに向き合う』東洋館出版社、2017年

妹尾昌俊「学校における働き方改革―最終答申に向けた提案」（学校における働き方改革特別部会、参考資料6）2018年11月13日

中央教育審議会「新しい時代の教育に向けた持続可能な学校指導・運営体制の構築のための学校における働き方改革に関する総合的な方策について」（答申）2019年1月25日

豊田長康『科学立国の危機―失速する日本の研究力』東洋経済新報社、2019年

中原淳＋パーソナル総合研究所『残業学―明日からどう働くか、どう働いてもらうのか？』光文社新書、2018年

あとがき

本書は、教師の働き方改革や21世紀の学校像を見据えて、学校の実態を転換するために、部活動に焦点を当てて論じたものである。筆者は、部活動の在り方を変えることが、働き方改革の成功の鍵と考えた。部活動の問題は、実は、カリキュラムの在り方や教師の在り方とつながっている。日本の学校教育は精神主義、競争主義、総量主義からの脱却が重要な課題になっている。この課題については、カリキュラム論や教師論の観点から、既刊の図書（佐藤博志・岡本智周『「ゆとり」批判はどうつくられたのか』太郎次郎社エディタス、２０１４年、佐藤博志編著『クリエイティブな教師になろう』学文社、２０１８年）で論じてきたところであるが、部活動も研究されるべき対象と考えたのである。本書と既刊の２冊の図書は、異なる主題の図書ではあるが、問題意識は一貫している。

部活動に関する先行研究は多くある。そのうち、特に優れた図書は三つあげられる。第一は、中澤篤史『運動部活動の戦後と現在』青弓社、２０１４年、第二は、神谷拓『運動部活動の教育学入門』大修館書店、２０１５年、第三は、内田良『ブラック部活動』東洋館出版社、２０１７年である。筆者は、これらの図書に学びながら、部活動に関する教育経営的研究ができないかと考えた。同時に体育科学の知見も重要であると考えた。以上の観点から、学校経営学を専門とする佐藤博志、教育行政学を専門とする内山絵美子、体育科学を専門とする朝倉雅史を執筆陣とし、さらに、公立学校の校長として学校経営の豊富な経験を持つ阿部雅子にも執筆メンバーに参加いただいた。つまり、教育経営学、教育行政学、体育科学の研究者、現職校長が協力し合うかたちで、部活動の問題にアプローチしようとした。このように領域横断的なアプローチが必要な理由は、部活動の問題が複雑で多面的だからである。本書が、部活動問題の解決に資することを願っている。なお、執筆者は担当章の内容にのみ責任を持つこと、本書における主張は個人の見解であり、執筆者の所属機関とは関係が無いことを申し添える。本書全体の責任は筆頭筆者にある。

さて、気が付けば多くの図書を刊行してきた。最近は、「先生、また本を出版しましたね。読みましたよ。」と言われることが多くなった。今回は、教師の働き方改革について考えているうちに、図書のアイデアが湧いた。働き方改革は広いテーマなので、部活動に焦点をしぼり、執筆予定者で勉強会を開催し、企画をスタートした。図書づくりが好きな理由には二つある。一つは、父がかつて出版社に勤務しており、図書や雑誌づくりの楽しさを教えてもらったことである。もう一つは、博士課程在学時に、指導教員である小島弘道先生（筑波大学名誉教授）から図書づくりを手伝う機会をいただき、その際に様々な方法を学んだことである。ここに感謝の意を表したい。最後に、本書の企画をご快諾いただいた教育開発研究所にも御礼申し上げる。特に、担当の尾方篤氏には、執筆がなかなか進まない私たちを、粘り強く伴走いただいた。心より感謝申し上げる。

２０１９年春

執筆者代表　佐藤　博志

■執筆者紹介■（執筆順）

佐藤 博志（さとう・ひろし）：はじめに／１章／おわりに／あとがき

〔略歴〕1998 年 3 月、筑波大学大学院博士課程教育学研究科教育基礎学専攻単位取得退学。以後、日本学術振興会特別研究員、メルボルン大学上級客員研究員、長崎大学講師、岡山大学助教授・准教授を経て、2010 年 4 月、筑波大学大学院人間総合科学研究科教育基礎学専攻に准教授として着任する。現在、筑波大学人間系教育学域准教授。学位：博士（教育学）

〔主要著書〕『オーストラリア教育改革に学ぶ―学校変革プランの方法と実際』学文社、2007 年、編著。『オーストラリア学校経営改革の研究―自律的学校経営とアカウンタビリティ』東信堂、2009 年、単著。『オーストラリアの教育改革―21 世紀型教育立国への挑戦』学文社、2011 年、編著。『「ゆとり」批判はどうつくられたのか―世代論を解きほぐす』太郎次郎社エディタス、2014 年、共著。『クリエイティブな教師になろう―これからの教師像と 5 つの視点』学文社、2018 年、編著。

〔受賞〕日本教育経営学会学術研究賞（2010 年）、日本教育経営学会実践研究賞（2008 年）、日本教育経営学会研究奨励賞（1998 年）

内山 絵美子（うちやま・えみこ）：２章

〔略歴〕2014 年 3 月、筑波大学大学院人間総合科学研究科教育基礎学専攻（博士後期課程）単位取得退学。2014 年 4 月、小田原短期大学保育学科助教に着任。現在、小田原短期大学保育学科専任講師。学位：修士（教育学）

〔主要著書・論文〕『教育委員会改革 5 つのポイント―「地方教育行政法」のどこが変わったのか』学事出版、2014 年、共著。『未来をつかむ学級経営―学級のリアル・ロマン・キボウ』学文社、2016 年、共著。『JSCP 双書 3　保育者・小学校教員のための教育制度論（補訂版）』教育開発研究所、2018 年、共編著。「学校現場における授業スタンダードの普及―作成のプロセスと活用の実態に焦点を当てて」日本教育行政学会『日本教育行政学会年報』第 44 号、2018 年。

朝倉 雅史（あさくら・まさし）：３章／４章

〔略歴〕2014 年 3 月、筑波大学大学院人間総合科学研究科体育科学専攻（博士後期課程）単位取得退学。2014 年 4 月、早稲田大学グローバルエデュケーションセンター助教に着任する。現在、早稲田大学グローバルエデュケーションセンター講師。学位：博士（体育科学）

〔主要著書・論文〕『体育教師の学びと成長―信念と経験の相互影響関係に関する実証研究』学文社、2016 年、単著。『未来をつかむ学級経営―学級のリアル・ロマン・キボウ』学文社、2016年、共著。『よくわかるスポーツマネジメント』ミネルヴァ書房、2017年、共著。「多様化する運動部活動と地域との関係性」『みんなのスポーツ』438号、2017年。
〔受賞〕日本体育・スポーツ経営学会学会賞（2017年）、日本体育学会奨励賞（2015年）、日本体育・スポーツ経営学会奨励賞（2015年）

阿部 雅子（あべ・まさこ）：5章
〔略歴〕1982年3月、多摩美術大学美術学部卒業。民間会社勤務を経て、1989年より横浜市立中学校勤務。2000年3月、横浜国立大学大学院教育学研究科修士課程修了。横浜市立小・中学校長として勤務しながら、学校経営に関する研究を大学院で継続する。2015年3月、産業能率大学大学院総合マネジメント研究科修士課程修了。2016年4月、筑波大学大学院人間総合科学研究科教育基礎学専攻（博士後期課程）入学。現在、横浜市立馬場小学校長。学位：修士（教育学）、修士（経営管理）

ホワイト部活動のすすめ
—部活動改革で学校を変える—

2019年5月15日　第1刷発行

著　者　　佐藤博志／朝倉雅史／内山絵美子／阿部雅子
発行者　　福山孝弘
発行所　　株式会社 教育開発研究所
〒113-0033 東京都文京区本郷2-15-13
TEL.03-3815-7041 ／ FAX.03-3816-2488
http://www.kyouiku-kaihatu.co.jp
表紙デザイン・イラスト　佐藤明日香（スタジオダンク）
印刷・製本　中央精版印刷株式会社

ISBN978-4-86560-507-5 C3037
落丁・乱丁本はお取り替えいたします。定価はカバーに表示してあります。